IA
para líderes:
do conceito à realidade

CARO(A) LEITOR(A),
Queremos saber sua opinião sobre nossos livros. Após a leitura, siga-nos no **linkedin.com/company/editora-gente**, no TikTok **@editoragente** e no Instagram **@editoragente,** e visite-nos no site **www.editoragente.com.br**. Cadastre-se e contribua com sugestões, críticas ou elogios.

VINICIUS DAVID

PREFÁCIO DE MAURICIO BENVENUTTI

IA

para líderes:
do conceito à realidade

Um método prático para implementar inteligência artificial na sua empresa, impulsionar a produtividade e acelerar a inovação

Gente editora

Diretora
Rosely Boschini

Gerente Editorial
Rosângela de Araujo Pinheiro Barbosa

Editora
Natália Domene Alcaide

Assistente Editorial
Mariá Moritz Tomazoni

Produção Gráfica
Leandro Kulaif

Preparação
Elisabete Franczak Branco

Capa
Bruno Miranda | Cavalo-Marinho Estúdio Criativo

Projeto Gráfico
Márcia Matos

Adaptação e Diagramação
Plinio Ricca

Revisão
Gleice Couto
Wélida Muniz

Ilustrações
Plinio Ricca

Impressão
Bartira

Copyright © 2025 by Vincius David
Todos os direitos desta edição são reservados à Editora Gente.
R. Dep. Lacerda Franco, 300 – Pinheiros
São Paulo, SP – CEP 05418-000
Telefone: (11) 3670-2500
Site: www.editoragente.com.br
E-mail: gente@editoragente.com.br

Dados Internacionais de Catalogação na Publicação (CIP)
Angélica Ilacqua CRB-8/7057

David, Vinicius
  IA para líderes: do conceito à realidade: um método prático para implementar inteligência artificial na sua empresa, impulsionar a produtividade e acelerar a inovação / Vinicius David. - São Paulo: Editora Gente, 2025.
  208 p.

ISBN 978-65-5544-544-2

1. Negócios 2. Inteligência artificial 3. Liderança 4. Inovação I. Título

24-4425   CDD 650.1

Índices para catálogo sistemático:
1. Negócios

Nota da publisher

Nos dias de hoje, empresas de todos os setores enfrentam um dilema central: como implementar, de maneira eficaz, a inteligência artificial (IA) para acelerar a inovação, melhorar a eficiência e garantir vantagem competitiva? Muitos líderes sabem que precisam abraçar essa revolução, mas se encontram paralisados pela complexidade técnica e pela incerteza quanto aos primeiros passos.

Estamos diante de uma transformação que não é apenas uma moda passageira, mas uma força que já está revolucionando e continuará moldando o futuro das organizações. A IA tem o potencial de multiplicar a produtividade, otimizar processos, personalizar experiências e abrir novos horizontes. Ignorar essa revolução pode significar o seu fim.

O livro *IA para líderes: do conceito à realidade* surge exatamente para responder a essa necessidade urgente. Vinicius David, com sua vasta experiência em tecnologia e inovação, oferece uma abordagem prática e acessível para que executivos e gestores possam compreender e aplicar a IA em suas organizações, desde conceitos fundamentais até estratégias detalhadas de implementação.

Imprescindível para líderes que precisam aprender a identificar oportunidades relacionadas a essa tecnologia, lidar com desafios comuns e evitar armadilhas que podem atrasar ou impedir sua implementação bem-sucedida. O livro traz cases práticos, ferramentas e insights valiosos sobre como a IA pode transformar uma organização.

Mergulhe nesta leitura essencial, que não só promete esclarecer o presente da IA, mas também preparar o seu futuro como líder inovador. Prepare-se para explorar o potencial transformador que a IA pode trazer para sua empresa e sua carreira!

Rosely Boschini
CEO e Publisher da Editora Gente

Com todo o meu carinho, dedico este livro à minha família: Marta, Maria, Mara, David, Marina, Henrique, Alex, Carla, Naveen e Preeti. Vocês são o meu porto seguro, a base que me fortalece e inspira. Cada instante ao lado de vocês é um presente que enriquece minha vida de uma maneira que palavras não conseguem expressar completamente. Enquanto esse sentimento estiver presente, vocês ocuparão sempre um lugar especial no meu coração, lembrando-me a cada dia do valor de nossa união e dos momentos que compartilhamos. Que cada novo dia seja uma oportunidade de demonstrar o quanto os admiro, respeito e sou grato por tê-los em minha vida.

A você, leitor, agradeço pela confiança em adquirir este livro. Espero que o conteúdo aqui compartilhado, a comunidade que estamos formando e as relações que estamos construindo sejam o palco ideal para que eu possa acompanhar o sucesso profissional e pessoal de cada um de vocês.

Quer se aprofundar ainda mais no assunto?

Desenvolvi um material complementar para enriquecer sua leitura. Escaneie o QR Code abaixo, e acesse um conteúdo exclusivo!

https://www.viniciusdavid.com/pt/ia-para-lideres

Agradecimento de coração ♥ às empresas que colaboraram com o lançamento deste livro

Agradecimentos

A todos que contribuíram para tornar este livro uma realidade, deixo meu sincero reconhecimento:

Mauricio Benvenutti: ao conhecê-lo, encontrei inspiração e um exemplo de pessoa. Obrigado pela motivação e pelo prefácio que me emocionou.

Meu pai, David: um nome que aparece em duas seções deste livro, simbolizando seu compromisso e devoção por mim e por esta obra. Sua presença é inesquecível.

Natália, Rosely e todo o time da Editora Gente: aprendo a cada dia com a paixão, paciência e dedicação de vocês, que transformam a leitura em uma arte perene de desenvolvimento humano.

Diego Barreto e o time do iFood: vocês gentilmente forneceram materiais internos, investiram tempo em entrevistas e feedback para a criação do livro e a análise do case da empresa.

Aos primeiros leitores e críticos: Bruno Capelas, cuja arte com as palavras foi essencial para a crítica deste livro; Eduardo Henrique, Daniela Ambrósio, Deize Andrade, Marcelo Penati, Fabiano Tolomei e Felipe Lamounier. Meu muito obrigado a todos vocês.

Cada contribuição foi fundamental para a realização deste projeto, e levo no coração a gratidão pelo apoio recebido.

Sumário

Prefácio — 15
Introdução: uma nova era para líderes e empresas — 19

1. A queda de gigantes: a ascensão da IA e a inércia corporativa — 28
2. Navegando pela tempestade: impactos da IA para todos — 36
3. O elo entre tecnologia e produtividade — 44
4. Decodificando a IA — 52
5. ABC da IA — 64
6. Construindo uma cultura de inovação — 86
7. Construção e gestão de equipe voltada para IA — 100
8. PATX: a metodologia de implementação da IA — 118
9. A jornada de uma empresa para se tornar AI First — 128
10. Quantificando o impacto da IA nas métricas tradicionais — 150
11. Da hype ao ROI: supermétricas de produtividade e valor com IA — 164
12. A liderança executiva na era da transformação — 194
13. Escreva a sua história — 204

Prefácio

A **jornada da liderança sempre esteve profundamente ligada** à capacidade de inovar, aprender e adaptar-se às novas realidades que surgem com o tempo. Quando conheci Vinicius em um encontro no Vale do Silício, percebi rapidamente que ele incorporava essas qualidades de maneira única. Estávamos em um dos eventos de happy hour que acontecem frequentemente no Vale – aqueles encontros que servem como networking para empreendedores, visionários e inovadores do mundo todo –, e foi nesse cenário que me conectei com Vini, o marco inicial de uma relação de colaboração, aprendizado e amizade que impactaria profundamente nossas trajetórias profissionais e pessoais.

Vinicius e eu nos conectamos, inicialmente, pelos valores compartilhados. Éramos movidos por uma crença comum no poder transformador da tecnologia em direção ao futuro. Ele, à época, liderava projetos na HP, uma empresa que, por si só, já carrega o peso histórico de ter sido o berço da inovação no Vale do Silício. A HP é a startup original, o embrião do que hoje entendemos como o epicentro da disrupção tecnológica mundial. Para quem lidera com propósito e visão, como o Vini, trabalhar nesse ambiente traz uma responsabilidade adicional: a de ser um farol para aqueles que também buscam transformar o mundo por meio da tecnologia.

Na época, a StartSe ainda estava engatinhando. Não tínhamos grande presença no mercado, muito menos reconhecimento. Éramos uma empresa em fase de construção, com menos de dez funcionários e um longo caminho a percorrer, e a contribuição do Vinicius foi essencial para que nos consolidássemos no Vale do Silício e, posteriormente, no Brasil. Em nossa primeira imersão no Vale, em agosto de 2016, ele abriu as portas da HP para nos receber de braços abertos – portas que talvez demorássemos anos para abrir sozinhos –, e fez isso sem esperar nada em troca. Ele compreendia o valor do que estávamos construindo e queria fazer parte dessa história desde o início.

O que mais me marcou naquele dia não foi apenas o fato de estarmos em uma das empresas mais icônicas do mundo, mas a forma como fomos recebidos. Vini preparou tudo com um cuidado impressionante: cada participante tinha um lugar especial, com mimos que demonstravam o carinho com que ele nos tratava. Depois, ele nos apresentou toda a empresa. Para nós, ainda começando, foi um sinal claro de que estávamos no caminho certo e de que havíamos encontrado um aliado.

O que muitas vezes é esquecido no mundo dos negócios é a importância das conexões genuínas. Vinicius compreendia esse conceito profundamente. A partir daquele momento, ele se tornou mais do que um parceiro, mas um mentor, alguém disposto a compartilhar sua vasta rede de contatos, seu conhecimento e sua experiência. O papel que ele desempenhou para o sucesso da StartSe no Vale do Silício foi inestimável: ele nos apresentou às pessoas certas, abriu caminho para conversas que teriam sido inacessíveis de outra forma e acelerou o nosso processo de reconhecimento em um dos mercados mais competitivos e inovadores do mundo.

No Brasil, Vini também foi parte essencial do nosso primeiro curso digital, A Nova Economia, um marco na história da StartSe. Ele abriu mais uma vez as portas da HP para que gravássemos a primeira aula, e sua participação foi fundamental para o sucesso desse projeto. Ele já tinha uma reputação sólida no Vale do Silício, e tê-lo como um dos instrutores trouxe uma legitimidade que impulsionou o curso de maneira significativa.

A partir desse ponto, nossa colaboração só cresceu. Vini continuou a contribuir para a nossa expansão, participando de eventos, palestras e conferências. Um dos marcos dessa parceria foi sua participação na Silicon Valley Web Conference (SVWC), um evento que trouxe o espírito inovador do Vale para o Brasil. A presença dele, mais uma vez, agregou valor ao evento e trouxe visibilidade para nossa missão de conectar líderes e executivos brasileiros ao que há de mais inovador no mundo.

Algo que também me impressionou foi sua capacidade de transitar entre o mundo corporativo e o empreendedorismo com facilidade e competência. Ele viveu intensamente os desafios e as oportunidades de ambos os lados, e isso lhe dá uma perspectiva única. Ele sabe o que é liderar uma grande organização, com todas as complexidades que isso envolve, e, ao mesmo tempo, entende profundamente o que é começar do zero, construir algo com as próprias mãos e levar uma visão adiante com persistência e paixão. Esse equilíbrio entre o conhecimento corporativo e o espírito empreendedor é algo que poucos conseguem dominar, mas Vini faz isso com maestria. E foi o que lhe permitiu entender e aplicar a essência da boa liderança, e hoje ele é o tipo de líder que coloca as pessoas no centro de sua estratégia. Ele entende que a tecnologia, por mais avançada que seja, só tem valor quando está a serviço das pessoas, quando é utilizada para melhorar vidas, fortalecer times e impulsionar o crescimento individual e coletivo.

E é exatamente isso que você encontrará nas páginas deste livro. *IA para líderes: do conceito à realidade* é uma obra que vai além da superficialidade de explicar o que é inteligência artificial. Ela o levará em uma jornada mais profunda, na qual a tecnologia se encontra com a liderança. Vini mostra, com clareza e simplicidade, como a IA pode ser usada de maneira estratégica, para que líderes possam engajar seus times, tomar decisões mais informadas e, principalmente, se preparar para o futuro que já está diante de nós.

O livro oferece uma abordagem prática e didática sobre como liderar no contexto de um mundo cada vez mais digital e automatizado, explorando frameworks, metodologias e exemplos concretos que vão equipar qualquer líder com as ferramentas necessárias para não apenas sobreviver, mas prosperar em tempos de mudança rápida e constante. Mais importante ainda, Vini apresenta essas ideias de um modo que qualquer pessoa, independentemente de seu nível de familiaridade com a tecnologia, pode entender e aplicar no dia a dia.

A leitura deste livro é um convite para que você, como líder, abrace o potencial da inteligência artificial. Mas, mais do que isso, é um convite para que se torne um líder mais preparado, mais conectado com o seu time e mais consciente do papel que a tecnologia pode desempenhar na construção de um futuro melhor para todos. Assim como eu aprendi com o Vini ao longo dos anos, tenho certeza de que você também aprenderá muito com ele nas próximas páginas.

Mauricio Benvenutti
Autor best-seller, empreendedor, mentor e sócio da StarSe

Introdução: uma nova era para líderes e empresas

Se a Itália dos séculos XV e XVI foi um caldeirão de ideias e inovações, com Da Vinci, Michelangelo e Galileu desafiando as convenções e moldando o mundo ocidental, hoje testemunhamos um novo Renascimento, um impulsionado por algoritmos e dados. A inteligência artificial (IA) está revolucionando a maneira como vivemos, trabalhamos e pensamos, viabilizando um futuro repleto de possibilidades e desafios.

Assim como naquela época Florença foi o epicentro do Renascimento italiano, o Vale do Silício acaba sendo, de certa maneira, o berço da IA. Empresas ali sediadas – como Google, Apple, Meta (antigo Facebook), OpenAI e Nvidia –, impulsionadas por um fluxo imenso de capital, uma cultura de inovação sem precedentes e grandes talentos, investem bilhões de dólares em pesquisa, desenvolvimento e aquisições estratégicas para avançar a IA. No centro desse ecossistema está também a Universidade Stanford, cujos graduados e professores despontam na vanguarda da pesquisa e do desenvolvimento.

Na linha seguida por Stanford, teoria e prática caminham juntas, e algoritmos complexos se transformam em soluções inovadoras para problemas reais. Nesse contexto, a universidade funciona como um celeiro de ideias e iniciativas que moldam a IA, uma vez que muitos de seus ex-alunos lideram algumas das iniciativas mais disruptivas da área a partir de empresas de todos os portes e setores. De fato, Stanford ostenta um legado de excelência em IA: tem sido berço acadêmico de muitos dos maiores nomes da área, incluindo John McCarthy, que criou o termo "inteligência artificial".

Aliás, muitos falam sobre essa tecnologia sem saber onde, quando e por quem ela foi criada. A IA nasceu oficialmente no verão de 1956, durante a histórica Conferência de Dartmouth, organizada por McCarthy, Marvin Minsky, Nathaniel Rochester e Claude Shannon. O evento reuniu uma pequena equipe de brilhantes cientistas que compartilhavam da ideia de criar máquinas inteligentes. Eles acreditavam que "todos os aspectos da aprendizagem ou qualquer outra característica da inteligência poderiam, em princípio, ser descritos de forma tão precisa que uma máquina seria capaz de simulá-los". Em 1963, McCarthy fundou o Laboratório de Inteligência Artificial de Stanford (*Sail – Stanford Artificial Intelligence Laboratory*), de onde mais tarde sairiam algumas das maiores inovações na área.

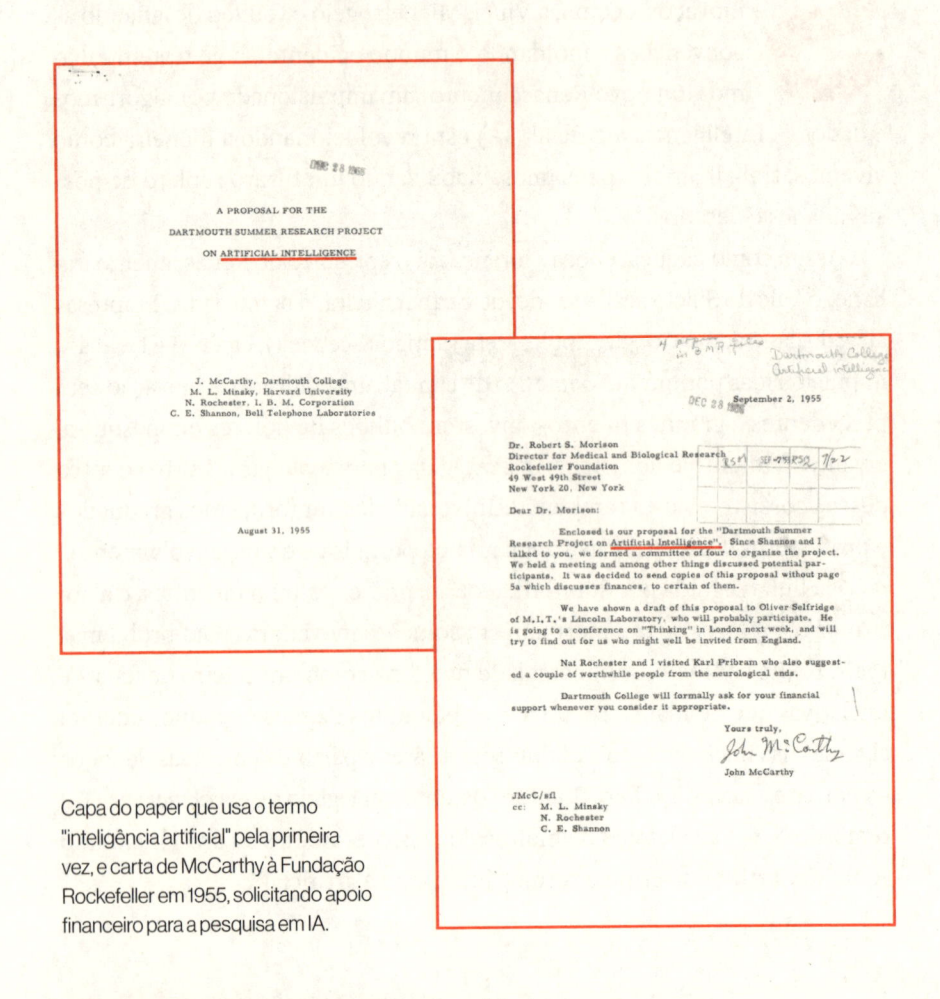

Capa do paper que usa o termo "inteligência artificial" pela primeira vez, e carta de McCarthy à Fundação Rockefeller em 1955, solicitando apoio financeiro para a pesquisa em IA.

A influência de Stanford na área, porém, se estende para além da pesquisa. Quando, em 2023, a revista *Time* divulgou sua lista das cem pessoas mais influentes em IA, a presença de gente formada nessa universidade era impressionante: foram onze nomes, mais de 10% da lista. E sabemos que a abordagem interdisciplinar de Stanford para a IA é crucial para seu sucesso. A universidade promove a colaboração entre ciência da computação, medicina, direito, economia e outras áreas. Há pesquisadores usando IA para desenvolver medicamentos, diagnosticar doenças precocemente, otimizar sistemas de energia e até criar obras de arte. Essa sinergia entre disciplinas permite que a IA seja aplicada de forma holística, trazendo benefícios tangíveis e inovadores para a sociedade.

Stanford também se destaca por sua capacidade de acelerar a comercialização de pesquisas em IA. A universidade tem fortes laços com a indústria e com o capital de risco do Vale do Silício, permitindo que ideias inovadoras saiam rapidamente do laboratório e cheguem ao mercado. Essa rápida transferência de tecnologia é essencial para garantir que a IA beneficie comunidades e empresas. A Waymo, por exemplo, tem uma das mais robustas tecnologias de IA para carros autônomos. O desenvolvimento do projeto foi liderado por Sebastian Thrun, que também havia sido professor em Stanford e diretor do Sail.

Se você é líder, executivo ou empreendedor, aqui vai o chamado: quem investe em IA tem o potencial de fazer sua empresa e sua carreira crescerem exponencialmente. O exemplo de Stanford mostra que a integração de disciplinas não é apenas uma vantagem competitiva, mas uma necessidade para a sobrevivência e a prosperidade no século XXI.

Vale do Silício: o caldeirão da inovação

O Vale do Silício é um ímã de talentos em IA: atrai engenheiros, cientistas de dados, pesquisadores e empreendedores de todo o mundo. Essa concentração de mentes brilhantes cria um ambiente de criatividade sem igual, onde novas ideias surgem e se desenvolvem em ritmo acelerado. É lá que estão trinta das cinquenta empresas mais notáveis em IA do mundo, de acordo com levantamento da revista *Forbes* de abril de 2024.[1] Entre elas, estão a Anthropic (desenvolvimento de modelos de IA e concorrente da Open AI), a Databricks (data e analytics) e a Figure AI (humanoides). As três combinadas haviam recebido, até a publicação da lista, 36 bilhões de dólares em investimento.

O fascinante é que não se trata de mera aglomeração de capital e recursos. É um centro de excelência no qual o rigor teórico se confunde com a veia empreendedora. Trabalhos acadêmicos e teoremas se transformam em linhas de código e, então, em produtos e serviços que mudam o mundo. A relação entre Stanford e o Vale do Silício é simbiótica. A universidade fornece a matéria-prima intelectual, enquanto o Vale atua como ateliê onde a argila é moldada e transformada em inovações concretas e perceptíveis.

A corrida global pela IA

A inteligência artificial está revolucionando a tecnologia e os negócios, e as maiores empresas do mundo competem para liderar esse movimento. A Microsoft, por exemplo, tem sido uma das maiores investidoras em tecnologia. Somente na OpenAI (do GPT), já foram mais de 19 bilhões de dólares. A Amazon, por sua vez, busca incrementar essa tecnologia para oferecer ao cliente excelência em assistentes virtuais e diferencial em seu braço de *cloud* e desenvolvimento via AWS. Há muito tempo, o Google investe, a cada ano, bilhões em pesquisa e desenvolvimento de IA para análise de dados. A Apple, a cada lançamento, integra IA em seus produtos e serviços para melhorar a experiência dos usuários. No Brasil, não ficamos para trás. O Nubank, que revolucionou os bancos digitais, segue a tendência e investe pesado para se tornar uma empresa AI First a fim de otimizar seus serviços e oferecer soluções mais personalizadas.

Por todo o mundo, as empresas estão criando cargos para garantir que a IA não apenas seja implementada no dia a dia das operações, mas usada

---

[1] CAI, K. Forbes IA 50: as empresas mais promissoras do mundo em inteligência artificial. **Forbes**, 15 abr. 2024. Disponível em: https://forbes.com.br/forbes-tech/2024/04/forbes-ia-50-as-empresas-mais-promissoras-do-mundo-em-inteligencia-artificial/. Acesso em: 26 fev. 2024.

de maneira ética e responsável. Entre esses cargos, estão o Chief AI Officer (CAIO), o Chief Data Officer (CDO) e o Chief Analytics Officer (CAO).

A corrida pela liderança em IA está apenas começando, e as empresas vêm investindo cada vez mais para criar soluções inovadoras. Muitas delas já estão revolucionando os setores financeiro, do varejo, da saúde, da educação, do transporte e do entretenimento, e aquelas à frente dessa mudança estarão, com certeza, bem posicionadas para o sucesso, agora e no futuro.

E sua empresa, como está nessa corrida? E você, como profissional, está preparado para essa revolução?

Do Vale do Silício para o mundo: uma jornada pessoal

Se você está se perguntando quem sou eu para falar sobre isso, muito prazer! Meu nome é Vinicius David. Tenho mais de quinze anos de experiência no mercado de tecnologia americano, atuando na vanguarda da inovação. Minha trajetória profissional abrange cargos de liderança em corporações globais da Fortune 100 e em startups de alto crescimento, além de experiência como investidor. Atualmente, sou Chief Growth Officer (CGO) na Birdie AI,[2] professor na StartSe e professor convidado na UC Berkeley, onde leciono sobre IA, inovação e intersecção com liderança.

A UC Berkeley, fundada em 1868, é uma das universidades públicas de maior prestígio dos Estados Unidos e do mundo. Um reflexo disso é seu impressionante legado de 71 prêmios Nobel entre ex-alunos e professores. Além disso, a UC Berkeley é berço de descobertas científicas revolucionárias, como o ciclotron, acelerador de partículas fundamental para o desenvolvimento de energia nuclear, e de tecnologias que impulsionaram a Era da Informação, como o sistema operacional BSD Unix. Minha paixão pela IA surgiu há oito anos,

---

[2] A Birdie usa IA para transformar o feedback dos clientes em insights acionáveis, conectando as equipes de CX e produto. Como a primeira plataforma de agente de IA para VoC, o produto combina feedback, comportamento e perfis de usuários para gerar insights que impulsionam resultados reais. A missão da empresa é capacitar profissionais de CX a atuar estrategicamente, garantindo que cada insight do cliente impulsione inovação e crescimento. Veja mais no site: https://birdie.ai/.

quando reconheci seu potencial disruptivo nos negócios. Em 2019, aprofundei meus conhecimentos ao participar do primeiro cohort do programa de IA para executivos da Universidade Stanford, onde tive o privilégio de aprender com especialistas renomados, como Fei-Fei Li,[3] Chris Manning,[4] John Etchemendy[5] e Susan Athey,[6] líderes que moldaram o campo da IA como o conhecemos.

Essa imersão no universo da IA, tanto do ponto de vista acadêmico quanto do prático, me proporcionou uma visão abrangente dos desafios e das oportunidades que ela apresenta para as empresas. Com esse conhecimento, liderei uma equipe em uma grande corporação (da lista da Fortune 100) que desenvolveu serviços e gerou centenas de milhares de dólares em valor, solidificando minha convicção no poder transformador da IA.

Atualmente, atuo como C-level na Birdie AI e tenho a missão de capacitar empresas a navegar com sucesso pela era da IA. Compreendo as ansiedades e as necessidades de líderes que se deparam com a rápida evolução da área. Já estive no lugar deles, já ouvi seus questionamentos e já testemunhei sucessos e fracassos. Entendo a pressão por resultados, a necessidade de otimizar custos e a busca incessante por inovação que impulsiona o mundo dos negócios.

Minha experiência permite oferecer uma perspectiva específica sobre os fatores críticos de sucesso na implementação da IA em empresas de diferentes portes e setores. Conheço as melhores práticas para integrar a IA em

---

[3] Fei-Fei Li, a "madrinha da IA", é uma cientista da computação, professora na Universidade Stanford, codiretora do Human-Centered AI Institute de Stanford (HAI), e uma das principais pesquisadoras de visão computacional e aprendizado profundo, responsável por criar o banco de dados ImageNet, importante para o desenvolvimento da IA moderna.

[4] Christopher Manning, renomado cientista da computação e professor da Universidade de Stanford, é conhecido por suas contribuições nas áreas de processamento de linguagem natural, linguística computacional e aprendizado profundo, além de atual diretor da Sail.

[5] John Etchemendy, professor emérito da Universidade Stanford, é conhecido por suas contribuições à lógica matemática e por seu papel como codiretor do HAI.

[6] Susan Athey é economista, professora na Stanford Graduate School of Business, pioneira na aplicação de métodos de aprendizado de máquina à economia, primeira mulher a receber a Medalha John Bates Clark e grande contribuidora do desenvolvimento da economia da tecnologia e análise de dados.

processos de negócio, desde a identificação de casos de uso de alto impacto até a criação de uma cultura de experimentação e aprendizado contínuo. Entendo os desafios de integrar equipes multidisciplinares, gerenciar dados e garantir que a IA seja usada de forma responsável e transparente.

Neste livro, compartilho meus conhecimentos para que você possa liderar sua empresa rumo ao sucesso, implantando IA em grande escala e de modo estratégico para prosperar neste cenário de constante transformação.

O desafio da liderança na era da IA

Apesar do potencial revolucionário da IA, muitas empresas enfrentam dificuldades de se adequar a esse contexto. A velocidade e a profundidade das mudanças exigem uma reconfiguração das estratégias de negócios e das competências de liderança. A transição não é fácil e as organizações que não conseguem se adaptar correm o risco de se tornarem obsoletas.

Nas salas de reuniões, o clima é de entusiasmo, mas também de apreensão. Gerentes e líderes, mesmo aqueles com vasta experiência, em algumas situações sentem-se peixes fora d'água diante da IA. Precisam agir, mas não sabem por onde começar. O jargão técnico, as siglas e a rápida evolução das tecnologias os deixam confusos ou inseguros. Muitos temem que a IA torne ultrapassados seus conhecimentos e habilidades, enquanto outros se preocupam com a possibilidade de a IA indicar decisões erradas e prejudicar a empresa.

A pressão por resultados imediatos agrava a situação. A alta cúpula das empresas exige que os líderes encontrem soluções rápidas e eficazes para inovar, aumentar a produtividade e impulsionar o crescimento. No entanto, a falta de conhecimento em termos de IA e a dificuldade em encontrar talentos qualificados impedem que se aproveite todo o potencial dessa tecnologia.

Muitas empresas estão adotando a IA de forma superficial, implementando soluções genéricas que não atendem a suas necessidades específicas. Investem em chatbots que não entendem as perguntas dos clientes, em sistemas de recomendação que sugerem produtos irrelevantes ou em algoritmos de previsão que erram mais que acertam. Essa abordagem "igual para todos" desperdiça recursos, frustra clientes e prejudica a reputação da empresa.

Enquanto isso, quem investe corretamente em IA já colhe os frutos. Essas empresas aproveitam a tecnologia para automatizar tarefas repetitivas, liberar funcionários para funções mais estratégicas ou criativas, personalizar a experiência do cliente, desenvolver produtos e serviços inovadores, tomar decisões mais inteligentes e informadas. Essas organizações estão se tornando mais ágeis, eficientes e competitivas. A era da IA é um divisor de águas para as companhias e seus líderes.

Em conversas com clientes, palestras, consultorias e workshops, tenho visto líderes de diversos setores expressarem suas preocupações e seus desafios em relação à tecnologia. Muitos se perguntam como usar a IA de modo ético e responsável. Pois é, superar esses desafios exige coragem, visão estratégica e investimento em capacitação. E eu vou ajudá-los.

Este é um guia para líderes que buscam entender e implementar a IA em suas organizações de maneira escalável. Nas próximas páginas, vamos explorar os desafios e as oportunidades da liderança em IA. Compartilharei minha experiência e insights em meio a uma metodologia prática para navegar por esse Renascimento contemporâneo. A IA pode transformar sua empresa, sua carreira e o mundo. Você só precisa estar preparado.

E então: você prefere ser espectador ou pioneiro? A escolha é sua.

A ERA DA IA É UM DIVISOR DE ÁGUAS PARA AS COMPANHIAS E SEUS LÍDERES.

IA PARA LÍDERES: DO CONCEITO À REALIDADE

01

A queda de gigantes: a ascensão da IA e a inércia corporativa

Era uma tarde comum, eu estava imerso nos resultados do último trimestre quando o celular vibrou com uma notificação de Carlos Almeida, então CEO da Servifac Corp,[7] gigante do setor de serviços que fornece suporte técnico e manutenção para grandes fábricas e complexos industriais e cujos técnicos são conhecidos pelo conhecimento de sistemas mecânicos e elétricos. A mensagem era breve, mas carregada de urgência: "Vinicius, preciso de sua ajuda. Podemos conversar amanhã?".

A ligação do dia seguinte revelou uma crise iminente. A Servifac Corp estava sendo corroída pela rápida ascensão da automação. Seus serviços, que antes eram a espinha dorsal da empresa, estavam se tornando obsoletos diante de soluções digitais mais eficientes e precisas. A margem de lucro, antes robusta, encolhia a cada trimestre. A gigante estava cambaleando, e Carlos sabia que precisava agir rápido. Ele me ligou por causa de minha experiência em ajudar empresas a integrar tecnologias avançadas de IA a suas operações. Ele precisava de orientação para adaptar a Servifac Corp à nova realidade do mercado. Sabia que, sem uma mudança radical, a empresa poderia não sobreviver aos próximos anos.

A história da Servifac Corp não é um caso isolado. É sintoma de uma epidemia que se espalha pelo mundo corporativo: a inércia diante da revolução da IA. Muitas empresas, especialmente as com longa história e estruturas

---

[7] A fim de preservar a confidencialidade do caso, mas apresentar uma situação real, nomes de empresa e pessoas foram alterados.

hierárquicas rígidas, estão presas em um círculo vicioso de complacência e resistência à mudança. Elas subestimam o poder transformador da IA, considerando-a uma ferramenta, não uma força disruptiva que redefine as regras do jogo.

Essa inércia se manifesta de diversas formas. Executivos investem milhões em treinamento, declaram que a IA é prioridade, contratam especialistas e criam cargos específicos para IA. No entanto, no fim do dia, falta-lhes a coragem de fazer as mudanças que a tecnologia demanda na estrutura geral, na estratégia e no modelo operacional da empresa. É como se estivessem preparando o navio, mas hesitassem em levantar âncora e navegar pelo desconhecido, apesar de saberem que essa jornada é difícil, mas inevitável para seguir crescendo e inovando.

Não se sabe se haverá tempo útil para a Servifac Corp se recuperar e superar tais desafios financeiros. As margens de lucro do passado provavelmente jamais serão as mesmas. A empresa enfrenta um futuro incerto, em que a única certeza é que o mercado jamais será o mesmo. A lição é clara: a IA não é apenas uma vantagem competitiva, mas uma necessidade de sobrevivência.

Em um mundo onde a tecnologia se aperfeiçoa a uma velocidade vertiginosa, a inteligência artificial emerge como protagonista da revolução. Não se trata mais de um conceito futurista relegado à ficção científica, mas de uma realidade que está remodelando o panorama dos negócios. O interesse na e a adoção da IA têm experimentado crescimento exponencial, impulsionado por avanços em áreas como aprendizado de máquina, processamento de linguagem natural e visão computacional. Veremos mais sobre isso no capítulo 5.

Um estudo da McKinsey de 2024 revelou que 65% das organizações entrevistadas estão usando a IA generativa de forma consistente.[8] Esse dado demonstra que tal tecnologia não é uma moda passageira, mas uma tendência duradoura. A crescente conscientização sobre o potencial transformador

---

[8] SINGLA, A. *et al.* The State Of Ai In Early 2024: Gen AI Adoption Spikes And Starts To Generate Value. **McKinsey**, 30 maio 2024. Disponível em: https://www.mckinsey.com/capabilities/quantumblack/our-insights/the-state-of-ai. Acesso em: 19 fev. 2025.

da IA tem levado organizações a investir mais em soluções para otimizar processos, melhorar a tomada de decisões e criar oportunidades de negócios.

O mercado global de IA cresce rapidamente, e estima-se que atingirá 190 bilhões de dólares até 2025, impulsionado por uma taxa de crescimento anual de 37%.[9] Ou seja, a IA não apenas ganha popularidade, como está se tornando estratégia prioritária para empresas que buscam obter vantagens competitivas significativas.

A falta de iniciativa corporativa: uma armadilha mortal na era da inteligência artificial

A IA está redefinindo o cenário dos negócios em uma velocidade frenética, abrindo um abismo cada vez maior entre as empresas que a adotam para revolucionar operações, otimizar processos e impulsionar a inovação e aquelas que permanecem presas a modelos tradicionais. Muitas empresas, porém, movem-se lentamente ou encontram-se paralisadas por uma série de desafios na implementação dessa tecnologia disruptiva.

Uma pesquisa da Adecco, maior empresa de trabalho temporário do mundo, e da Oxford Economics revelou que as empresas não estão preparadas para a Era da IA.[10] Essa falta de preparo se manifesta na escassez de investimentos em tecnologia de ponta, na falta de profissionais qualificados em IA e em uma cultura organizacional resistente à mudança, que se apega a métodos e processos obsoletos. Mesmo que empresas tradicionais ainda liderem em seus mercados, aquelas que investem em IA, com tecnologias avançadas e soluções inovadoras, inevitavelmente as ultrapassarão.

Outro fator muitas vezes subestimado é a arrogância de alguns líderes que, cegos pelo sucesso passado, relutam em reconhecer essa necessidade de adaptação e transformação. Isso pode ser observado em diversos setores. Em

---

[9] VIDANYA, B. 27 tendências e estatísticas da inteligência artificial em 2024. **Hostinger**, 23 maio 2024. Disponível em: www.hostinger.com.br/tutoriais/estatisticas-inteligencia-artificial. Acesso em: 5 set. 2024.

[10] EMPRESAS não estão preparadas para a IA, diz estudo. **O Dia**, 5 abr. 2024. Disponível em: https://odia.ig.com.br/mundo-e-ciencia/2024/04/6822490-empresas-nao-estao-preparadas-para-a-ia-diz-estudo.html. Acesso em: 6 set. 2024.

entrevista para o periódico Semana, David Vélez, fundador do Nubank, disse que os bancos "estão em um setor onde não havia muita concorrência". Isso também acontece em vários outros universos, pois, quando a concorrência é baixa, a complacência e um pouco de arrogância se instalam. Enquanto algumas outras instituições financeiras outrora líderes de mercado subestimaram o potencial dos dados e da IA, o Nubank, com abordagem ágil e inovadora, aproveitou a oportunidade para se destacar. Em maio de 2024, chegou à marca histórica de 100 milhões de clientes e passou a ser o banco mais valioso do mercado brasileiro.[11]

Setores como varejo e indústria, tradicionalmente mais lentos na adoção de novas tecnologias, apresentam índices de uso da IA generativa também bem mais baixo que o de outros setores. Uma pesquisa da McKinsey mostrou que, entre 2023 e 2024, o uso regular da IA generativa no varejo era de 8% na indústria era de 7%. Em setores de tecnologia e business, são 15% e 19% respectivamente.[12]

Vale reiterar que a relutância em adotar a inteligência artificial em alguns setores pode ser fatal, pois o jogo é intenso e ultracompetitivo. Em 2023, o investimento global em IA atingiu 93,5 bilhões de dólares, aumento de 26,9% em relação ao ano anterior. A corrida pela liderança na área é evidente, com 301 fusões e aquisições no setor no mesmo período, um aumento de 19% em relação ao ano anterior, segundo a GlobalData. A Apple, por exemplo, comprou 32 startups da área, enquanto a Microsoft adquiriu 17.[13]

---

[11] ANDRADE, V., CANCEL, D., ALVIM, L. Nubank destrona a Itaú como el banco más valioso de América Latina. **Bloomberg Línea**, 28 maio 2024. Disponível em: www.bloomberglinea.com/2024/05/29/nubank-destrona-a-itau-como-el-banco-mas-valioso-de-america-latina/. Acesso em: 18 jan. 2025.

[12] SINGLA, A. *et al*. The State of AI in Early 2024: Gen AI Adoption spikes and starts to Generate Value. *op. cit.*

[13] AI SHOPPING Spree — Apple Leads Charge with 32 Startup Acquisitions in 2023. **CDO Magazine**, 12 fev. 2024. Disponível em: www.cdomagazine.tech/aiml/ai-shopping-spree-apple-leads-charge-with-32-startup-acquisitions-in-2023. Acesso em: 18 jan. 2025.

No Brasil e no mundo, são expressivos os exemplos de empresas que sucumbiram à inércia e pagaram o preço da incapacidade de se adaptar às mudanças tecnológicas.

Quando a disrupção se volta contra: o caso Chegg

Em 2005, estudantes da Universidade Estadual de Iowa se depararam com um dilema recorrente: livros caros, usados por pouco tempo, acabavam se acumulando nas estantes. Dessa constatação simples nasceu a Chegg, um serviço que revolucionou o mercado educacional ao oferecer o aluguel de livros, transformando uma necessidade óbvia em uma oportunidade de disrupção. A empresa evoluiu, tornando-se um império digital com ferramentas de estudo e tutoria on-line, prometendo democratizar o acesso à educação.

Por anos, a Chegg prosperou, derrubando barreiras para editoras tradicionais, livrarias locais e tutores independentes, e consolidando sua presença no universo acadêmico. Contudo, em novembro de 2022, algo inesperado aconteceu. O lançamento do ChatGPT – uma inteligência artificial capaz de fornecer respostas instantâneas e personalizadas – rapidamente se tornou um fenômeno cultural. Estudantes passaram a trocar a assinatura da Chegg por uma solução mais rápida, conveniente e, muitas vezes, gratuita. Entre janeiro e maio de 2023, a base de assinantes da Chegg despencou, e suas ações caíram mais de 50%. O CEO, Dan Rosensweig, chegou a afirmar que o ChatGPT representava o maior desafio que a empresa jamais enfrentara. Era uma ironia: a Chegg, que havia se destacado por abraçar a revolução digital, via-se agora ameaçada por uma tecnologia que superava seus serviços, provando que a disrupção é um ciclo contínuo.

Agora, imagine se os líderes da Chegg tivessem adotado a visão e proatividade de um líder sempre inovador, como Chaim Zaher, ou simplesmente CZ. Em 2019, CZ, que já era reconhecido por revolucionar o mercado educacional global, demonstrou uma visão ainda mais inovadora ao abraçar a inteligência artificial. Naquele ano, enquanto continuava a transformar a educação com sua abordagem prática e arrojada, ele recebeu a mim e a um PhD de Stanford, no Brasil, para palestrar sobre o potencial transformador da IA. Para ele, a inteligência artificial não era apenas uma tecnologia emergente, mas uma tendência que poderia redefinir a economia e impactar diversos setores.

Durante os eventos realizados no Rio de Janeiro com os parceiros de sua empresa e em seu instituto familiar – um espaço que celebra a trajetória inovadora de seu grupo –, CZ destacou que a transformação digital exige não só visão, mas também energia, execução e comprometimento com o desenvolvimento contínuo. Seu lema, "o olhar do dono engorda a porcada", evidenciava sua crença na importância de se estar na trincheira, acompanhando cada detalhe e ajustando estratégias conforme surgiam oportunidades e desafios. Sua energia contagiante, sua intuição aguçada e seu histórico de inovações fazem de CZ um exemplo de liderança disruptiva, especialmente na nova Era da IA.

Se os líderes da Chegg tivessem incorporado esse mesmo espírito – antecipando mudanças, investindo proativamente em inovação e adaptando-se de forma ágil aos desafios emergentes –, a ascensão repentina do ChatGPT talvez não tivesse sido um choque tão devastador. Em vez disso, a empresa poderia ter encarado essa nova tecnologia como uma oportunidade natural de se reinventar, evoluir e manter sua relevância em um cenário digital em constante transformação.

Essa reflexão nos leva a uma conclusão mais ampla: a verdadeira disrupção não é apenas uma questão de tecnologia, mas de liderança. A história da Chegg ilustra como uma ideia poderosa pode transformar um mercado, mas também como o sucesso pode ser efêmero se não houver uma capacidade contínua de se adaptar e inovar. Por outro lado, a visão e a proatividade de líderes como CZ demonstram que, para transformar uma empresa em AI First, é preciso muito mais do que simplesmente abraçar a tecnologia; é necessário um compromisso com a execução, o desenvolvimento das pessoas e a mensuração constante dos resultados.

Apple começa a usar IA em 2010 e muda de vez o mercado de smartphones

A Apple começou a integrar inteligência artificial em seus produtos em 2010, quando adquiriu a startup responsável pela Siri, revolucionando a maneira como os usuários interagiam com seus dispositivos. A Siri, um dos primeiros assistentes de voz a ganhar popularidade no mercado de massa, respondia a perguntas, enviava mensagens e executava tarefas por meio de comandos de voz, estabelecendo um novo padrão de usabilidade.

A empresa continuou a investir intensamente em IA para aprimorar seus serviços, como o algoritmo preditivo do Apple Music, que aprende os gostos dos usuários para oferecer recomendações personalizadas, e o Face ID, que utiliza técnicas avançadas de reconhecimento facial para garantir segurança. Agora, com o lançamento do novo iPhone, a Apple, em parceria estratégica com a OpenAI, apresenta a Apple Intelligence – uma solução de inteligência artificial, baseada na tecnologia GPT, que promete elevar a experiência do usuário por meio de interações mais naturais e inteligentes.

A Apple demonstrou que a adoção de IA, mesmo que por aquisições estratégicas, pode transformar radicalmente sua competitividade. A estratégia de *leapfrog* – na qual as organizações dão grandes saltos tecnológicos, muitas vezes por meio de aquisições – é agora amplamente adotada por outras gigantes do setor.

Essa colaboração e abordagem inovadora destacam como a sinergia entre a expertise da Apple e as inovações da OpenAI têm sido cruciais para transformar a competitividade da empresa, reafirmando seu papel como líder no setor de tecnologia.

O investimento de *venture capital* em IA atingiu 290 bilhões de dólares nos últimos cinco anos no Estados Unidos.[14] E esse dado, de certo modo, reflete a percepção de que copiar a estratégia da Apple não é má ideia.

A urgência de adaptação e transformação

A mensagem deste capítulo é clara: estamos em um ponto de inflexão. Líderes que abraçam a inteligência artificial não apenas impulsionarão o crescimento de seus negócios e carreiras; eles moldarão o futuro, deixando um legado

---

[14] CHOPRA, C.; KASARE, A.; GUPTA, P. How Venture Capital Is Investing In AI In The Top Five Global Economies — And Shaping The AI Ecosystem. **World Economic Forum.** 24 maio 2024. Disponível em: www.weforum.org/stories/2024/05/these-5-countries-are-leading-the-global-ai-race-heres-how-theyre-doing-it/. Acesso em: 18 jan. 2025.

de inovação e progresso. A inércia, por sua vez, é um caminho que leva à estagnação e à perda de competitividade.

Empresas que resistem à mudança correm o risco de se tornar obsoletas em um mercado cada vez mais competitivo e dominado pela IA, que não é apenas uma ferramenta; é um catalisador de mudanças que exige visão estratégica e disposição para se adaptar e inovar.

A escolha é sua: você será um líder que se adapta e prospera ou ficará para trás? Seja proativo. Seja inovador. Seja a mudança.

02

Navegando pela tempestade: impactos da IA para todos

Trabalhando em Palo Alto, eu não imaginava testemunhar tão de perto uma revolução no mercado de fintechs. Era 2020 e, embora o home office ainda fosse a norma para a maioria das empresas, eu já me sentia mais que pronto para a convivência presencial do ambiente de trabalho. Os escritórios da empresa em que eu trabalhava permaneciam fechados, mas Felipe Lamounier, velho amigo, me ofereceu uma mesa na empresa dele. Nós nos conhecemos anos antes, quando éramos voluntários na BayBrazil, organização dedicada a conectar o Brasil ao Vale do Silício. Naquela época, Felipe era um garoto inquieto, ambicioso, que queria aprender. E agora ali estávamos, a poucos metros de distância um do outro, num ambiente que, apesar de silencioso, fervilhava inovação e vontade de empreender.

Durante quase um ano e meio, observei de perto a segunda jornada de Felipe. Se antes ele era um voluntário ansioso por se provar, agora ele se movia com a confiança de um veterano do Vale. Eu o vi fundar a Hyperplane, startup de IA focada em soluções bancárias. E ele trouxe consigo três parceiros de peso: Daniel Silva, Rohan Ramanath e Felipe Meneses, especialistas que haviam passado a última década construindo sistemas de IA no Google, no LinkedIn e na Apple. Era um time de elite.

Segundo Felipe, em entrevista realizada para este livro, "o grande diferencial da Hyperplane é sua habilidade de processar e analisar vastas quantidades de dados financeiros (respeitando a privacidade de informações) para entender padrões de comportamento e antecipar necessidades dos clientes". Ao contrário de outras big techs, que focam dados baseados em cliques, navegações e interações digitais, a Hyperplane se especializou em transformar dados transacionais – como os gerados pelo uso de cartões de crédito, transferências bancárias e outros serviços financeiros – em insights bem mais precisos. Isso possibilitou a construção de perfis comportamentais extremamente detalhados e permitiu que instituições financeiras ajustassem ofertas de produtos e serviços de maneira altamente personalizada e no momento certo.

Felipe sabia que o futuro dos serviços financeiros estava na personalização extrema e foi exatamente isso que ele conseguiu com sua startup.

O Nubank percebeu o impacto dessa inovação e, em 2024, adquiriu a Hyperplane, mostrando seu apetite para ser AI First.[15] A gigante dos bancos entendeu que a personalização de serviços baseada em dados comportamentais seria essencial para sua fase seguinte de evolução. Embora já fosse líder em inovação digital, a integração da tecnologia da Hyperplane lhes permitiria dar mais um passo na construção de um *flywheel* – mecanismo de crescimento contínuo em que cada ação bem-sucedida impulsiona a próxima.

Segundo Lamounier, "essa estratégia se alinha com o movimento global das big techs, que utilizam dados para criar ecossistemas fechados e altamente competitivos. Nessas empresas, a personalização acertada e relevante de ofertas alimenta um ciclo de engajamento e lealdade com seus clientes, e é exatamente esse ciclo virtuoso que o Nubank pretende seguir aprimorando ao incorporar a tecnologia da Hyperplane. Isso cria uma barreira competitiva difícil de ser igualada".

Fiquei muito feliz quando soube da aquisição. Ao mesmo tempo, não pude deixar de me perguntar: por que outras instituições financeiras, que também alegam que IA e personalização de serviços são prioridades, não compraram a Hyperplane? Os mesmos bancos que diziam se esforçar para competir com

---

[15] Empresas AI First são organizações que incorporam inteligência artificial como elemento central em sua estrutura, desenvolvendo produtos e soluções com IA em seu núcleo, além de utilizarem essa tecnologia para otimizar a maioria de seus processos operacionais. Essas empresas se caracterizam por manterem alta porcentagem de colaboradores certificados em inteligência artificial e dados, demonstrando um compromisso integral com a transformação digital baseada em IA. Vamos discutir o conceito em detalhes mais adiante.

o Nubank no ambiente digital, que afirmavam estar comprometidos em usar tecnologia para gerar ainda mais valor para seus clientes, simplesmente não viram o potencial da Hyperplane? Por que hesitaram em entrar pesado no *bid*? A resposta, acredito, está no convencimento interno do real poder de uso dos dados dos clientes de forma correta e ética. No grau de tolerância ao risco e ao modelo organizacional.

O paradoxo da escolha, associado ao medo de errar e admitir que não se sabe ao certo o que fazer, é uma barreira real. Além de treinamento, as empresas precisam de parcerias, indicações de quais organizações podem ajudá-las a criar soluções de IA, consultoria especializada e um direcionamento claro de implementação.

Muitos líderes se sentem perdidos nesse ambiente. A incerteza sobre como a IA pode ser aplicada em suas áreas específicas cria um sentimento de vulnerabilidade e insegurança. Muitos confundem IA com produtos ou tecnologias específicas, sem entender que se trata de uma transformação abrangente, que impacta processos, estratégias e modelos operacionais. Essa confusão leva à hesitação em adotar IA em escala, resultando em uma paralisia organizacional que impede a inovação.

O grande mal-entendido: produto e tecnologia não são sinônimos

Muitas vezes, as pessoas e as empresas confundem "produto" e "tecnologia" e os tratam como se fossem a mesma coisa. São, porém, conceitos distintos. A identidade de uma empresa é moldada pelos produtos e pelos serviços que ela oferece e pelos quais recebe pagamento. Consideremos a Uber e a DoorDash (empresa americana que opera como o iFood no Brasil). Elas são frequentemente rotuladas como empresas de tecnologia, mas essa categorização é superficial.

A essência das empresas é definida por sua oferta principal. Certa vez, estava em um Uber e peguei a marginal Pinheiros, em São Paulo, a caminho do aeroporto. O carro quebrou, e me vi parado no meio da via. Demorou demais para outro Uber me pegar e quase perdi meu voo. Minha avaliação do serviço naquele dia não foi positiva, apesar de eu realmente gostar da empresa. Isso mostra que, quando o serviço falha, a frustração do cliente não é com a tecnologia em si, mas com o fato de o serviço não ter sido entregue conforme prometido. Da mesma maneira, se um entregador da DoorDash entregar uma pizza fria e toda revirada, a frustração não vai ser com a tecnologia em si, mas com o fato de o pedido – o produto – não ter sido entregue conforme o esperado.

Essas duas empresas utilizam tecnologia avançada para inovar nos tradicionais modelos de transporte e entrega, respectivamente. No cerne de suas operações, são empresas com foco em logística e eficiência. O que elas vendem não é tecnologia, mas serviços de transporte de pessoas e de produtos. São empresas que aplicam tecnologia e IA para enriquecer a experiência dos clientes e a eficiência dos processos.

Alguns influenciadores autointitulados especialistas em IA e tecnologia promovem uma ideia perigosa: a de que as empresas deveriam investir na adoção da IA ou da última moda tecnológica e descontinuar seu portfólio atual de produtos. Esse pensamento, além de enganoso, pode ser nocivo.

Compreender a diferença essencial entre tecnologia e produtos ou serviços oferecidos é fundamental para estabelecer um ponto de partida seguro para a inovação. As empresas, antes de tudo, devem se perguntar: "Como aplicar IA e outras tecnologias para aprimorar produtos e serviços já existentes, otimizar processos e resolver problemas críticos do negócio?". A resposta promove uma abordagem mais racional antes da adoção de novas tecnologias que podem não se alinhar com os objetivos fundamentais de seu negócio ou de suas competências.

A abordagem mais sensata é não desfocar o *core business*. Isso pode levar sua empresa a perder a identidade e, então, clientes. A tecnologia não é o objetivo em si. É preciso usá-la para inovar e fortalecer seus produtos e serviços, não para substituí-los. A não ser que isso seja uma necessidade real. Mas quem vai definir essa demanda são as exigências do mercado e os clientes.

Em vez de uma adoção massiva e abrupta, a tecnologia deve ser integrada de forma estratégica, acompanhada de programas de capacitação e treinamento para colaboradores, com monitoria contínua de resultados e ajustes. Perguntas como "Essa tecnologia nos aproxima de nossos objetivos e nossa missão?" e "Ela fortalece nosso *core business*?" devem guiar a decisão.

A verdadeira inovação acontece quando se entende profundamente as necessidades do mercado e se usa a tecnologia para atender a essas necessidades de maneira mais eficiente e eficaz. Se, depois de tudo o que eu disse, você ainda acredita que a IA não tem aplicação em seu mercado, levanto exemplos de como ela tem sido usada em diferentes setores e áreas.

Vendas e marketing

A IA permite a automação de processos e a personalização em escala. É capaz de analisar grandes volumes de dados para prever o comportamento de clientes, identificando leads com maior probabilidade de conversão e oferecendo recomendações acertadas de oferta em tempo real. Além disso, assistentes virtuais automatizam o atendimento inicial, otimizando a jornada do cliente e liberando as equipes de vendas para negociações mais complexas. Plataformas de CRM integradas à IA ajudam a prever tendências, melhorando a estratégia de vendas e maximizando a eficiência do pipeline.

Saúde

Na área da saúde, a IA tem permitido diagnósticos mais precisos e rápidos pela análise de imagens médicas e dados clínicos, além de possibilitar a medicina personalizada com base no perfil genético e no estilo de vida de cada paciente, abrindo caminho para tratamentos mais eficazes e prevenção de doenças.

Recursos humanos

O RH fica mais ágil quando utiliza IA para o recrutamento e a seleção de talentos, analisando currículos e dados de candidatos com rapidez e imparcialidade, além de auxiliar na gestão de pessoas, sugerindo planos de carreira personalizados e previsão de rotatividade, melhorando a eficiência e a retenção nas empresas.

Agricultura

Nesse setor, o monitoramento das condições agrícolas e as recomendações sobre irrigação, fertilização e colheita, baseadas na análise de dados do solo, clima e culturas, estão resultando em maior produtividade, redução de custos e menor impacto ambiental.

Transporte

O setor tem vivido uma verdadeira revolução com o desenvolvimento de veículos autônomos, que prometem mais segurança e eficiência no trânsito, além de otimizar rotas e reduzir o consumo de combustível, tornando o transporte mais sustentável e acessível.

Computação pessoal

A computação pessoal está se transformando com os chamados AI PCs, que podem processar modelos de IA diretamente no dispositivo, eliminando a dependência da nuvem e proporcionando mais velocidade, segurança e eficiência. Isso é especialmente vantajoso em edição de vídeo e imagem e em aplicações corporativas, em que grandes volumes de dados precisam ser analisados rapidamente.

Segurança cibernética

A inteligência artificial ajuda a detectar ameaças com maior rapidez e proatividade, analisando grandes volumes de dados para identificar padrões e anomalias, além de auxiliar na prevenção de ataques e na recuperação de dados em caso de incidentes, protegendo empresas e usuários com mais eficácia.

Educação

A IA está personalizando a educação com planos de aula individuais, feedback instantâneo e recursos de aprendizado adaptativos, permitindo que alunos aprendam no próprio ritmo e estilo. A tecnologia também pode auxiliar professores no planejamento de aulas e na avaliação do desempenho dos estudantes, tornando o ensino mais eficaz e engajador.

Jurídico

A tecnologia está agilizando o setor ao automatizar tarefas repetitivas, como análise de documentos e pesquisa, permitindo que os profissionais se concentrem em atividades mais estratégicas e de maior valor agregado, além de auxiliar na tomada de decisões com base em dados e precedentes, tornando o sistema jurídico mais eficiente e acessível.

A história do Felipe e da Hyperplane, juntamente com as inovações provocadas pela IA em diversos setores, evidenciam a necessidade de adaptação. No entanto, essa não é uma tarefa simples. A constante evolução da tecnologia exige que líderes de todos os setores não apenas aceitem a mudança, mas a antecipem e naveguem por ela com coragem e visão.

Aplicar inteligência artificial em produtos, serviços e processos não é apenas uma escolha estratégica, é o fator decisivo que pode manter sua empresa na liderança ou, em muitos casos, garantir sua sobrevivência no mercado. Assim como aqueles que perderam a oportunidade de comprar a Hyperplane, muitas empresas enfrentarão dificuldades se não souberem avaliar e integrar a IA em seus processos e serviços.

A dificuldade na escolha de quais tecnologias usar, a quem se associar, a falta de visão e a resistência ao risco são obstáculos reais para muitas pessoas, e a chave para superá-los é a compreensão e a ação proativa. Entender como a IA pode ser aplicada de modo eficaz em cada setor é fundamental, mas não basta. É preciso ter a coragem de implementar essas mudanças, mesmo que isso signifique navegar por águas desconhecidas.

A história da Hyperplane serve também de lembrete: a inovação não espera. Os líderes do Nubank demonstraram mais uma vez o que os diferencia: além de um mindset digital, eles têm audácia, coragem e visão para executar o que a maioria não enxerga ou demora demais para aplicar. A ousadia os colocou na vanguarda de produtos de banco ainda mais relevantes e personalizados para uma legião de clientes que não para de crescer no Brasil e no mundo.

A transformação pode ser assustadora, mas é uma porta para um futuro mais eficiente, personalizado e inovador. A escolha é sua: abraçar a mudança e liderar a revolução ou ficar à margem, assistindo ao mundo evoluir. A decisão de agir agora definirá não apenas o sucesso de hoje, mas a relevância de amanhã.

A IA pode, ainda, ser integrada para fortalecer marcas e produtos históricos. Empresas que já possuem um legado forte podem se tornar ainda mais relevantes e perenes, agregando valor e aprimorando a experiência do cliente.

A VERDADEIRA DISRUPÇÃO NÃO É APENAS UMA QUESTÃO DE TECNOLOGIA, MAS DE LIDERANÇA.

IA PARA LÍDERES: DO CONCEITO À REALIDADE

03

O elo entre tecnologia e produtividade

No fim do século XVIII, nas ruas frias da Escócia industrial, James Watt,[16] um engenheiro mecânico de óculos redondos, inclinava-se sobre a mesa de trabalho, cercado por engrenagens e tubos de metal. Em meio à natureza bruta escocesa e à crescente industrialização, Glasgow – conhecida como a "segunda cidade do Império Britânico"–, se desenvolvia ao longo do rio Clyde, onde fundições de aço e estaleiros navais moldavam seu futuro. Apesar das difíceis condições de vida e da intensa poluição, foi nesse cenário que Watt transformou sua curiosidade em inovações que revolucionariam a indústria.

Naquela época, o que realmente importava era a força física, um recurso que, embora valioso, tinha suas limitações. Buscando superá-las, a indústria se preocupava em construir máquinas que fossem mais potentes e mais rápidas. James Watt compreendeu esse desafio – a necessidade de mais capacidade produtiva, mão de obra e velocidade – e decidiu resolvê-lo com engenharia. Foi assim que levou os protótipos de máquinas a vapor a outro patamar.

O engenheiro também introduziu o conceito de cavalo-vapor (cv), uma medida que comparava a potência de suas máquinas à de um cavalo, então o principal símbolo de força. Watt utilizou o animal como uma ferramenta técnica, mas também de marketing, uma vez que a associação tornou mais tangível para o mercado a capacidade de seus motores e facilitou a adoção de sua tecnologia.

Watt redefiniu o significado de produtividade: obter mais resultados com menos esforço. Era o início de um novo mundo. As máquinas começavam a substituir os homens na linha de produção, abrindo espaço para a primeira Revolução Industrial.

---

[16] JAMES WATT. *In*: WIKIPEDIA. Disponível em: https://pt.wikipedia.org/wiki/James_Watt. Acesso em: 19 fev. 2025.

Mudam-se as ferramentas e os processos, mas a produtividade persiste

Séculos mais tarde, Andre Turati,[17] um jovem de ascendência mexicana, trilhou um caminho de excelência acadêmica: graduou-se em Engenharia Elétrica e fez mestrado em Ciência da Computação, com ênfase em IA, em Stanford.

Andre, porém, não apenas dominou circuitos e algoritmos complexos por lá. Ele também cultivou sua veia criativa. Mergulhou em disciplinas que iam além de sua especialidade, como Storytelling, História da Ópera e Música. Ele chegou a participar da orquestra da universidade, um indício claro de sua capacidade de equilibrar precisão técnica com expressão artística – algo que seria fundamental para o que estava por vir.

Já formado e dando os primeiros passos na carreira, Andre se inquietou com uma situação: a irmã, mestranda em Design de Interiores, gastava horas com tarefas repetitivas, criando esboços e visualizações que não demandavam criatividade, apenas tempo. Durante um *hackathon*,[18] ele e os colegas desenvolveram, em apenas um fim de semana, um protótipo de produto com inteligência artificial capaz de automatizar grande parte daquele trabalho repetitivo. O protótipo viralizou no Twitter (atual X), diversos profissionais de arquitetura e design demonstraram interesse nele. Essa resposta positiva impulsionou Andre e seus colegas a fundarem a SketchPro AI. Com os primeiros investimentos, a equipe transformou o projeto universitário em uma plataforma robusta, capaz de converter esboços em projetos detalhados e produzir visualizações em 3-D de fotos realistas em minutos, em vez de dias. Tais inovações aceleraram o processo e reduziram bastante os custos para arquitetos e designers.

Apesar de separados por centenas de anos, Watt e os fundadores da SketchProAI[19] compartilham uma missão: liberar o potencial humano por meio

---

[17] Em entrevista ao autor em 23 set. 2024, para este livro.

[18] *Hackathon* é um evento de competição em que equipes multidisciplinares de TI desenvolvem soluções tecnológicas para desafios propostos. O termo é uma junção das palavras inglesas *hack* (programar) e *marathon* (maratona).

[19] Para saber mais, acesse: https://sketchpro.ai/.

da tecnologia. O engenheiro escocês, diante do desafio da limitação da força física, focou desenvolver máquinas. Já os jovens no Vale do Silício, escrevendo o novo renascimento humano, utilizam IA para potencializar a criatividade e o intelecto humanos.

O piloto humano e o copiloto de IA

O piloto é o responsável por comandar uma aeronave, é ele quem lida com eventuais imprevistos críticos durante o voo. Mas ele não trabalha sozinho. Ao seu lado, está o copiloto, com quem ele compartilha a responsabilidade de pilotar – o prefixo "co-" significa "em conjunto".[20] Os dois profissionais precisam ser altamente qualificados e trabalhar em parceria para garantir a segurança e eficiência do voo. Esse modelo de cooperação é um dos mais bem-sucedidos no mercado.

Inspirado nessa relação, surgiu o conceito de copiloto de IA, um assistente digital avançado que trabalha apoiando profissionais em suas tarefas diárias. O produto da SketchPro AI, por exemplo, funciona como um copiloto para arquitetos e designers.

No passado, ter um assistente qualificado era um privilégio exclusivo da alta liderança. Com os copilotos de IA, essa realidade muda radicalmente. Agora, cada funcionário pode contar com seu próprio assistente digital, que não substitui a figura humana, mas potencializa suas capacidades e lhe permite concentrar-se nas decisões mais estratégicas.

A Accenture prevê, até 2035, um aumento de produtividade na casa dos 40% nas empresas que adotarem essa abordagem.[21]

---

[20] CO. In: **DICIO**, Dicionário Online de Português. Porto: 7Graus, 2025. Disponível em: https://www.dicio.com.br/co/. Acesso em: 20 jan. 2025.

[21] ARTIFICIAL Intelligence Poised to Double Annual Economic Growth Rate in 12 Developed Economies and Boost Labor Productivity by up to 40 Percent by 2035, According to New Research by Accenture. **Accenture**, 28 set. 2016. Disponível em: https://newsroom.accenture.com/news/2016/artificial-intelligence-poised-to-double-annual-economic-growth-rate-in-12-developed-economies-and-boost-labor-productivity-by-up-to-40-percent-by-2035-according-to-new-research-by-accenture. Acesso em: 19 fev. 2025.

Copilotos de IA e suas funcionalidades

O copiloto da GitHub foi o primeiro copiloto de IA de que se tem notícia, chegando ao mercado em 2021. A ferramenta foi criada para atuar como um "par programador" virtual, utilizando o modelo GPT da OpenAI treinado em bilhões de linhas de código público. Apenas um ano após o lançamento oficial em 2022, o GitHub Copilot alcançou mais de 1 milhão de desenvolvedores ativos, e é responsável pela geração automática de aproximadamente 40% dos códigos criados em linguagens populares como Python e JavaScript.[22]

A Microsoft logo percebeu o impacto dos copilotos de IA e, por isso, expandiu seu uso além do desenvolvimento de software, integrando-os diretamente ao Windows.

Andre Turati experimentou cedo o GitHub Copilot e viu na tecnologia uma oportunidade de transformar o processo criativo. Quando nos falamos pela primeira vez em outubro de 2023, ele me disse: "Estamos em um momento de mudança tectônica na história do trabalho. Toda função basicamente terá um copilot". Sua experiência com um assistente para geração de código mostrou que a mesma lógica poderia ser aplicada para transformar o trabalho de qualquer função.

Após o sucesso do GitHub Copilot, o conceito de copilotos de IA se expandiu para diversas áreas.

Em vendas, ele analisa padrões, prevê comportamentos de compra e sugere as melhores táticas para avançar nas negociações e converter oportunidades em vendas. O Einstein Copilot da Salesforce, por exemplo, pode alertar que determinado cliente acessou a página de preços três vezes na semana e fez o download de um arquivo com informações extras sobre um produto. Ele também é capaz de identificar padrões, como "83% das empresas deste segmento que compraram tinham mais de três *stakeholders* envolvidos, então sugiro mapear outros tomadores de decisão". Diante de objeções sobre custos, fornece argumentos com base em dados: "Em casos similares, o ROI

---

[22] DICKSON, B. GitHub Copilot Is Now Public – Here's What You Need To Know. **Venture Beat**, 29 jun. 2022. Disponível em: https://venturebeat.com/ai/github-copilot-is-now-public-heres-what-you-need-to-know/. Acesso em: 20 jan. 2025.

de noventa dias teve alta efetividade". O assistente ainda antecipa riscos: "Em geral, *deals* neste valor precisam do envolvimento do CFO. Recomendo agendar uma apresentação para a área executiva".

O copiloto para RH pode ser usado em diversos processos do segmento, como onboarding e recrutamento. Neste, atua como assistente do time de RH e de gestores, ao automatizar a triagem inicial de currículos e sugerir candidatos que mais atendam às necessidades da vaga, por meio da análise de habilidades, experiências e qualificações. No onboarding, o copiloto funciona como um *buddy* digital, acompanhando os primeiros passos do novo funcionário na empresa, personaliza roteiros de integração, disponibiliza treinamentos interativos e monitora o progresso das atividades iniciais em tempo real. Os resultados mostram ganhos de até 25% no tempo que alguém leva para atingir produtividade máxima em uma nova função durante o onboarding.[23]

Já na área de experiência do cliente (CX), o copiloto da Birdie AI, chamado Skye, é uma solução de inteligência artificial que transforma o feedback dos clientes em insights acionáveis, otimizando a experiência e fortalecendo a integração entre as equipes de CX e produtos. Integrado à plataforma Birdie, o Skye consolida os dados de múltiplos canais em uma base centralizada e confiável, garantindo que nenhum feedback seja negligenciado. Com sua capacidade de identificar padrões ocultos e mensurar o impacto dos feedbacks em resultados de negócio – como redução de *churn*, melhoria do NPS e aumento da retenção –, o Skye capacita as equipes a priorizar iniciativas de alto valor e a impulsionar melhorias contínuas. Essa abordagem permite que a empresa não apenas otimize sua operação, mas também converta insights em crescimento mensurável, unindo inovação e ação de forma estratégica.

---

[23] ROBINSON, B. Microsoft 365 Copilot Drove Up To 353% Roi For Small And Medium Businesses – New Study. **Microsoft**, 17 out. 2024. Disponível em: www.microsoft.com/en-us/microsoft-365/blog/2024/10/17/microsoft-365-copilot-drove-up-to-353-roi-for-small-and-medium-businesses-new-study/. Acesso em: 19 fev. 2025.

A evolução da produtividade

Em uma noite quente de 16 de agosto de 2009, o público presente no Estádio Olímpico de Berlim fervilhava de expectativa. O célebre estádio, testemunha de grandes histórias de superação, estava prestes a presenciar mais um momento inesquecível. A vibração da multidão ecoava no lugar, repórteres de todo o mundo estavam com os olhos e as câmeras focados na pista. Isso porque, entre as oito raias, um atleta em especial se posicionava na linha de partida: Usain Bolt, o consagrado velocista.

Ao aviso do juiz, um concentrado Bolt fez o sinal da cruz e posicionou-se, mãos no chão, na raia quatro. Naquele momento, o barulho de antes se tornou um ruído baixinho, todos pareciam prender a respiração. Para os demais corredores, era uma chance de ouro. Para Bolt, era um confronto consigo mesmo.

O disparo do tiro marcou o início da prova. Os pés de Bolt martelavam a pista, cada passo gerando uma potência tão intensa que, em frações de segundo, ele abria distância dos demais. Naquela prova, o atleta alcançou quase 45 km/h e uma potência equivalente a 3,5 hp, resultante da força de suas passadas – para se ter uma ideia, uma pessoa comum atinge picos de 1,2 hp em esforço físico máximo. Atingir três vezes essa marca era inimaginável. Com essa potência, Bolt estabeleceu um novo recorde mundial nos 100 metros rasos: 9,58 segundos, e não apenas isso, ele redefiniu o que significa ser humano.

Produtividade 1.0

Tanto nas fábricas dos tempos de Watt quanto na corrida de Bolt, o aumento de produtividade ocorreu pela superação das limitações da força humana. As máquinas a vapor substituíram o esforço físico dos braços e cavalos, enquanto a velocidade de Bolt representou o auge do desempenho humano. Em ambos os casos, a produtividade estava ligada à capacidade de gerar mais potência – seja na produção de peças por minuto ou na distância percorrida em segundos. Esta é a essência da produtividade 1.0: uma era em que o desempenho físico era o ponto central da maximização dos resultados, porém sempre limitado por sua própria natureza.

Quando bem aplicada, a produtividade serve como linguagem unificadora nas organizações. Muitas empresas ainda operam em silos, com KPIs e métricas isoladas, o que pode dificultar a adoção de IA. Ao centralizar a produtividade como métrica principal, cria-se um alinhamento poderoso, facilitando o entendimento dos retornos dos investimentos em tecnologia – essencial para sustentar a transformação de longo prazo do negócio.

Produtividade 2.0

Estamos na transição para a produtividade 2.0, momento em que deixamos de nos limitar pela força física e focamos na intelectual – que é infinita. Embora o mundo pareça não ter mudado muito na visão tradicional de produtividade, a IA nos permite reimaginar esse conceito e explorar todo o potencial da mente humana, de modo a redefinir nossa capacidade de produção de valor.

Em uma de nossas conversas, Andre Turati me disse: "O que mais me apaixona no trabalho que fazemos é poder equipar uma pequena empresa de arquitetura e design com tecnologia, fazendo com que uma pessoa possa criar dez, vinte vezes mais projetos. Isso permite que ela participe de oportunidades e negócios antes inatingíveis por conta de custo, tempo ou escala, comparada a uma firma grande. Esta é a maravilha da tecnologia: fazer o pequeno enfrentar o grande de igual para igual. É nisso que acreditamos".

A fala de Andre reflete a essência da produtividade 2.0. O potencial criativo da mente humana sempre foi enorme, mas a IA amplifica a capacidade de transformá-lo em resultados concretos, maximizando o valor do que podemos gerar a partir dela. É um crescimento sem limites. Com o suporte da IA, estamos apenas começando a explorar esse potencial, removendo barreiras e abrindo novas possibilidades. O que antes parecia ficção científica – multiplicar a produtividade intelectual – agora é realidade.

No iFood, a produtividade 2.0 também é vista na transformação do time de marketing. Antes, ele gerenciava simultaneamente até nove estratégias de campanha. Com o suporte da IA, esse número saltou para 37, um aumento de mais de 300%. A tecnologia não só aumentou a eficiência, mas também liberou a equipe para focar aspectos mais estratégicos e inovadores.

Por que a *Mona Lisa*, pintada por Da Vinci durante o Renascimento, uma obra importante, mas inacabada em sua época, passou a valer 2,5 bilhões de dólares hoje? Aliás, por que uma obra de arte vale muito mais que outra? Alguém, em algum momento, reconheceu o valor superior do resultado criativo de Da Vinci e atribuiu à Mona Lisa um status incomparável. Agora, imagine colocar cem grandes pintores para recriar o quadro. Nem mesmo a soma de todos os trabalhos alcançariam o valor e a grandiosidade artística da obra original. Esse paradoxo ilustra a diferença entre medir o valor do trabalho criativo utilizando a lógica da produtividade 1.0 – baseada em quantidade e esforço – *versus* a criação de algo que representa o ápice do intelecto e da criatividade humana, indo muito além da simples multiplicação de resultados. É por isso que é possível afirmar que o valor da obra de Da Vinci transcende qualquer medição baseada em produção mecânica. E o seu papel como líder é levar para sua organização essa nova mentalidade da produtividade 2.0.

Para tanto, é preciso redefinir o conceito de potência. Como vimos, na produtividade 1.0, medíamos em *horse-power* (hp) porque comparávamos o poder das máquinas à força dos cavalos. Quanto mais tecnologia, mais "cavalos de potência" se obtinha. Mas, agora, precisamos de uma nova métrica que capture como a tecnologia amplifica o valor que o intelecto humano pode gerar.

Assim como a genialidade humana de Da Vinci criou algo de valor incalculável, qualquer resultado criativo potencializado pela IA pode atingir níveis de grandeza semelhantes. Desde os copilotos de IA no RH, manutenção, vendas, marketing e arquitetura, os pilotos humanos jamais serão os mesmos. Essa é a produtividade 2.0, que marca o renascimento digital – um momento de evolução do conceito de potência *horse-power* para *human power*, o novo hp, que mede quanto a IA está trabalhando por você, sua liderança e as pessoas que fazem seu negócio girar.

HP + IA = negócios exponenciais

HP = *human power* ou potência humana

04

Decodificando a IA

Em um final de tarde em 2017, após buscar minha filha na escola, dirigíamos pelas ruas de Mountain View, no Vale do Silício. Ela, sentada na cadeirinha no banco de trás, observava a movimentação pela janela. Quando ultrapassamos um carro autônomo da Waymo, empresa pioneira em veículos sem motorista, notei o fascínio em seu olhar. Mais adiante, no semáforo, paramos ao lado do automóvel.

"Pai, quando vamos ter um carro que dirige sozinho?", ela perguntou, com a curiosidade típica de uma criança.

Expliquei que, apesar de já estarem nas ruas, esses carros ainda levariam alguns anos para se tornarem acessíveis ao grande público.

"Que pena...", suspirou, desapontada. "Seria ótimo ter um. Assim, você poderia se sentar no banco de trás comigo, e usaríamos o tempo no trânsito para brincar mais."

A simplicidade do desejo dela me tocou profundamente. Para uma criança, a tecnologia não é um fim em si mesma, mas um meio para aproximar as pessoas e criar experiências significativas. Enquanto muitos discutiam a eficiência e a confiabilidade desses veículos, ela já enxergava além: nas possibilidades que a tecnologia poderia proporcionar.

Em 2024, esses carros sem motorista já circulam pelas grandes cidades dos Estados Unidos, acessíveis a qualquer pessoa. A transição aconteceu mais rápido do que imaginávamos, demonstrando que o futuro chega sem avisar.

Nos negócios, a velocidade imposta pela tecnologia exige decisões rápidas e estruturadas. Empresas que buscam aumentar a produtividade, acelerar a inovação e liderar seus mercados precisam agir com precisão. Por isso, desenvolvi uma estratégia prática que funciona como um GPS, orientando a aplicação eficaz da IA em larga escala.

A jornada para se tornar AI First

Imagine o seguinte cenário: uma empresa na qual cada decisão é fundamentada por dados e a automação elimina tarefas repetitivas, permitindo que as pessoas dediquem tempo ao que realmente importa – inovação, criatividade e relacionamento humano. Essa é a promessa da AI First, uma realidade que as empresas têm buscado com afinco. De acordo com a consultoria International Data Corporation (IDC), os investimentos globais em IA deverão aumentar de 50,1 bilhões de dólares em 2020 para mais de 632 bilhões de dólares em 2028.[24,25] Antes de discutirmos como chegar a esse patamar, porém, precisamos entender as características de uma empresa que não é AI First.

Uma empresa não é AI First se ela...

Investir em IA sem uma fundação sólida de dados
Tratar a IA como a solução para todos os problemas sem antes organizar e modernizar a infraestrutura de dados é um erro frequente. Dados inconsistentes ou inacessíveis limitam (e muito) o potencial da IA. Antes de qualquer implementação, a empresa precisa contar com uma base sólida de dados bem geridos, acessíveis e integrados às operações. Sem isso, a IA se torna apenas uma promessa vazia.

Depender exclusivamente de ferramentas genéricas
Adotar ferramentas como chats generativos (ex.: GPT ou Gemini) de maneira ampla pode parecer modernização, mas na prática é apenas um uso genérico de tecnologias disponíveis para qualquer empresa. Ser AI First

---

[24] WORLDWIDE Spending on Artificial Intelligence Is Expected to Double in Four Years, Reaching $110 Billion in 2024, According to New IDC Spending Guide. **Business Wire**, 25 ago. 2022. Disponível em: www.businesswire.com/news/home/20200825005099/en/Worldwide-Spending-on-Artificial-Intelligence-Is-Expected-to-Double-in-Four-Years-Reaching-110-Billion-in-2024-According-to-New-IDC-Spending-Guide/. Acesso em: 20 jan. 2025.

[25] NEEDHAM, M. Worldwide Spending on Artificial Intelligence Forecast to Reach $632 Billion in 2028, According to a New IDC Spending Guide. **IDC**, 19 ago. 2024. Disponível em: www.idc.com/getdoc.jsp?containerId=prUS52530724. Acesos em: 19 fev. 2025.

significa desenvolver soluções adaptadas às necessidades da organização, com integração profunda aos dados internos e uma estratégia clara para gerar resultados que diferenciem a empresa no mercado.

Implementar IA sem clareza de propósito
Contratar empresas de tecnologia para desenvolver soluções em IA sem antes ter uma estratégia clara é semelhante a construir uma casa sem um projeto. Quando não se define com precisão onde a IA pode gerar impacto, quais áreas priorizar e como essas soluções serão integradas à estratégia de longo prazo, os esforços se tornam fragmentados e ineficazes. Para ser bem-sucedido, o investimento em IA precisa estar alinhado aos objetivos de negócio e ser orientado por resultados mensuráveis. Desde o início, deve-se identificar os ganhos concretos esperados, como aumento de produtividade, redução de custos ou crescimento de receita. Sem essa clareza, os investimentos não apenas se tornam arriscados, mas também dificilmente entregam valor sustentável.

Formar equipes sem direção estratégica
Criar departamentos ou cargos relacionados à IA, como Chief AI Officer (CAIO), pode parecer um grande mudança, mas a verdade é que essa atitude isolada não garante transformação. O sucesso de iniciativas de IA não está apenas nos profissionais contratados, mas em como seus esforços são direcionados por uma visão estratégica clara e práticas bem definidas por parte da empresa.

Treinar sem mudar a mentalidade da organização
Treinar colaboradores para usar IA é importante, mas insuficiente se a cultura organizacional não for ajustada para aproveitar essa capacitação. Uma empresa AI First precisa fomentar uma mentalidade de valorização da experimentação, do aprendizado contínuo e de colaboração entre equipes. É um trabalho de longo prazo, que vai além de habilidades técnicas e exige comprometimento com mudanças comportamentais.

Declarar prioridade sem ação concreta
Dizer que IA é prioridade em apresentações ou incluir o tema nos valores da empresa sem demonstrar isso por meio de ações concretas é insuficiente.

Para que a inteligência artificial seja, de fato, um diferencial, é necessário integrá-la aos processos e às práticas diárias, e não apenas mencioná-la como parte de um discurso. O impacto dessa tecnologia vem de uma implementação prática e deliberada, não de intenções declaradas.

Agora que entendemos as condutas que uma empresa AI First não deve ter, é hora de traçar o caminho certo. O primeiro passo em qualquer jornada bem-sucedida é conhecer exatamente onde estamos. Isso significa mapear o estágio atual da empresa em termos de maturidade e integração tecnológica. Com esse ponto de partida definido, podemos ativar nosso GPS estratégico e navegar pela estratégia que a levará ao topo.

Identificando o estágio de maturidade de uma empresa em IA

A seguir, listo os quatro estágios principais:

Estágio 0: Retardatários

Empresas neste estágio estão completamente desconectadas do potencial estratégico da IA. Não entendem como a inteligência artifical pode gerar valor, como decisões baseadas em dados otimizam os negócios ou como a tecnologia pode ser integrada à estratégia organizacional. Sua infraestrutura de dados é inexistente ou desorganizada, com informações dispersas. Não há qualquer esforço para estruturar ou utilizar esses dados de maneira estratégica. Além disso, essas empresas ignoram soluções de IA, mesmo as mais simples e disponíveis, e não contam com profissionais qualificados ou certificados na área. Por estarem alheias a iniciativas de inovação envolvendo inteligência artificial, essas organizações permanecem estagnadas, incapazes de competir em um mercado cada vez mais dinâmico e orientado por tecnologia.

Estágio 1: Iniciantes

As iniciantes enxergam a tecnologia como uma ferramenta de suporte, mas ainda não a consideram uma prioridade estratégica, pois não compreendem de fato como ela pode gerar valor. Seu uso é limitado e pontual, por meio de soluções prontas de mercado, como modelos genéricos de inteligência artificial, sem qualquer personalização baseada em dados próprios. A infraestrutura de dados é fragmentada, não há data lakes ou data warehouses organizados, o que dificulta o uso eficiente da tecnologia. A capacitação interna em IA é incipiente, com poucos profissionais certificados ou qualificados, e não há patentes nem iniciativas próprias relacionadas à inteligência artificial.

Estágio 2: Líderes emergentes

Neste grupo, as organizações começam a desenvolver soluções personalizadas com base em dados proprietários, centralizando a inteligência artificial e aplicando-a de maneira aprofundada em áreas estratégicas. Entretanto, ainda dependem de modelos e soluções pré-existentes disponíveis no mercado. A infraestrutura de dados, estruturada em data lakes e data warehouses, é adequada para o estágio atual, embora precise evoluir para suportar uma adoção mais ampla. O uso da tecnologia em produtos e processos vem ganhando força, evidenciado por patentes registradas e iniciativas de destaque, e o número de funcionários certificados em áreas relacionadas tem aumentado. A especialização, porém, ainda é um aspecto em desenvolvimento.

Estágio 3: Líderes

As empresas líderes consideram a inteligência artificial um ativo estratégico que impulsiona inovação, produtividade e crescimento. Elas dispõem de uma infraestrutura robusta, com data lakes modernos e data warehouses que facilitam o desenvolvimento de soluções próprias. Essas organizações operam e desenvolvem seus próprios modelos, gerando propriedade intelectual expressa em patentes e publicações de destaque. A infraestrutura é escalável e preparada para aplicações complexas, enquanto as equipes contam com especialistas e PhDs dedicados, com a maioria dos colaboradores certificados na área. A IA está amplamente integrada nos negócios e em diversas funções da organização.

A figura a seguir apresenta os quatro estágios de maturidade em IA, complementado por um teste de avaliação disponível no material de apoio. A classificação dos estágios considera tanto critérios qualitativos quanto quantitativos.

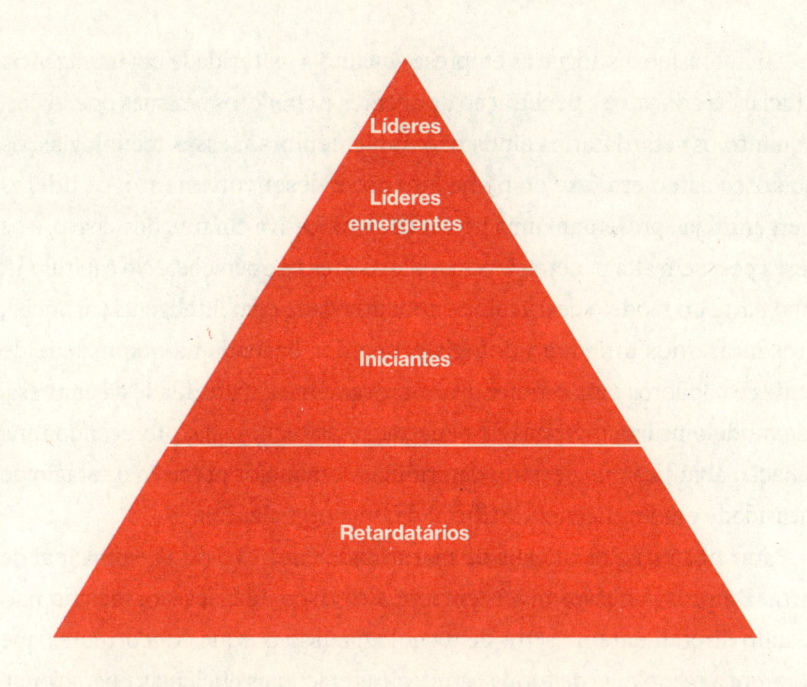

Pirâmide (do topo para a base):
- Líderes
- Líderes emergentes
- Iniciantes
- Retardatários

Estágio	Estratégia	Infraestrutura	Modelos IA	Capacitação	Inovação	Penetração IA
Líderes	IA é um ativo estratégico centralizado, impulsionando inovação e crescimento.	Robusta e escalável com data lakes modernos e suporte a aplicações complexas.	Criam e operam modelos próprios, gerando propriedade intelectual (patentes/publicações).	Equipes altamente qualificadas com PhDs e certificados liderados por COO/CAIO.	Forte foco em inovação com IA, resultando em muitas patentes/publicações.	Alta penetração de agentes e copilotos de IA em todas as funções e operações organizacionais.
Líderes emergentes	Desenvolvimento inicial personalizado; centralização parcial em algumas áreas.	Organizada em data warehouses suficientes, mas que precisavam evoluir.	Desenvolvem alguns modelos próprios, mas ainda dependem de soluções prontas.	Aumento no número de profissionais certificados; especialização em desenvolvimento.	Algumas patentes e iniciativas em crescimento.	Presença significativa de agentes e copilotos de IA em funções-chave; começa a ganhar força.
Iniciantes	IA vista como suporte, mas não como prioridade estratégica; uso limitado a soluções prontas.	Fragmentada, sem data lakes nem data warehouses organizados.	Uso de modelos prontos de mercado, sem personalização significativa.	Poucos profissionais certificados ou qualificados.	Pouco foco em inovação; sem patentes ou iniciativas relevantes.	Presença limitada e em desenvolvimento de agentes e copilotos de IA.
Retardatários	Desconexão total com o potencial estratégico da IA; não utilizam dados de forma estratégica.	Inexistente ou desorganizada; dados dispersos sem integração.	Nenhum uso de IA, ignoram até soluções simples e amplamente disponíveis.	Nenhum profissional qualificado ou certificado na área.	Nenhuma iniciativa; alheios à inovação envolvendo IA.	Nenhuma implementação; alheios à adoção de IA.

Um fator que distingue as empresas quanto à maturidade em inteligência artificial é a adoção e a penetração de agentes e copilotos em suas operações. Enquanto os retardatários ainda não implementaram essas tecnologias, os iniciantes estão em fase de planejamento e desenvolvimento; os líderes emergentes já apresentam uma presença significativa em funções-chave, e os líderes possuem alta penetração em todas as áreas e operações. No capítulo 11, como parte do modelo de cálculo de produtividade com inteligência artificial, apresentaremos uma metodologia específica baseada na quantidade de agentes e copilotos para estimar quantitativamente a maturidade da empresa. Esse modelo utiliza métricas de penetração da tecnologia, oferecendo uma avaliação analítica que permite determinar com maior precisão o estágio de maturidade em inteligência artificial de uma organização.

Estar nos estágios iniciais de maturidade em IA (0 ou 1) é um sinal de alerta. Empresas nesses níveis correm alto risco de fracasso, mesmo não atuando diretamente no setor de tecnologia. Isso porque concorrentes que adotarem a tecnologia de forma estratégica terão mais eficiência operacional, oferecerão maior valor agregado aos clientes e reduzirão custos. Portanto, é essencial que toda empresa vise avançar ao menos para o Estágio 2, estabelecendo metas claras e implementando métodos estruturados.

Considere o caso da Servifac Corp e seu CEO, Carlos Almeida, mencionados no capítulo 1. Eles estão iniciando a transição do Estágio 0 para o Estágio 1, o que representa um avanço positivo. Contudo, essa transição inicial será insuficiente sem uma visão clara e um compromisso estratégico para alcançar o Estágio 2. Sem isso, a Servifac enfrenta um risco real de falência.

A mensagem aqui é direta: medir o estágio atual de maturidade em IA é apenas o primeiro passo; o verdadeiro desafio é traçar e executar um plano sólido para progredir. Permanecer nos estágios 0 ou 1 é uma séria ameaça à sobrevivência e à relevância da empresa.

Os três pilares para se tornar AI First

Uma vez definido o estágio de maturidade em IA da sua empresa, é hora de começar a trilhar o caminho para a liderança. Independentemente da posição atual da sua organização – seja no início ou já experimentando avanços –, o objetivo é evoluir com clareza, planejamento e ação. Para transformar uma empresa em AI First, desenvolvi uma estratégia baseada em três pilares: fundação IA, metodologia de implementação (PATX) e quantificação do impacto da IA. Esses pilares organizam a jornada, assegurando uma adoção estratégica, prática e sustentável da IA.

Pilar 1: Fundação IA

Esse pilar prepara a organização para a transformação, estabelecendo as condições ideais para a adoção estratégica e sustentável da tecnologia. Começa com o entendimento do que é IA, desmistificando conceitos e esclarecendo equívocos, como a ideia de que chats generativos, como GPT ou Gemini, representam toda a extensão e potencialidade da inteligência artificial. Essa etapa conecta a tecnologia aos objetivos estratégicos, demonstrando como ela pode ser um diferencial competitivo. Em seguida, o foco é na criação de uma cultura de inovação que promova experimentação, aprendizado contínuo e uma mentalidade aberta à mudança – condições essenciais para incorporar a IA no DNA organizacional. Por fim, concentrar-se na formação de equipes dedicadas à tecnologia, combinando talentos técnicos e líderes estratégicos para garantir alinhamento, colaboração e capacidade de execução.

Pilar 2: Metodologia de implementação (PATX)

Esse roteiro prático para integrar a tecnologia no dia a dia da empresa é dividido em quatro fases. A primeira abarca os 3Ps da IA – produtos, processos e problemas – e identifica onde a inteligência artificial pode gerar maior impacto, seja otimizando operações, resolvendo desafios críticos ou criando oportunidades de negócio. A segunda fase, Arquitetura, foca a construção de uma base tecnológica e organizacional sólida com infraestrutura de dados, integração de sistemas e governança. A terceira fase, Transformação, implementa a IA no DNA operacional da empresa, promovendo soluções em larga escala e mudanças para garantir sua adoção efetiva. Por fim, o X da IA é a fase em que há multiplicação dos resultados em toda a organização, levando a ganhos exponenciais de produtividade, inovação e crescimento do negócio.

Pilar 3: Quantificação do impacto da IA

Esse pilar assegura que os resultados da transformação sejam claros e sustentáveis. Começa com a definição de métricas e KPIs para avaliar o impacto das iniciativas de IA nos objetivos da empresa. Avança para o cálculo do retorno sobre investimento (ROI), demonstrando o retorno financeiro e estratégico dos projetos. Finalmente, foca o acompanhamento contínuo, garantindo que as soluções implementadas sejam ajustadas e maximizadas ao longo do tempo. Esse pilar valida o valor da IA como um diferencial competitivo e reforça sua conexão com os objetivos de longo prazo.

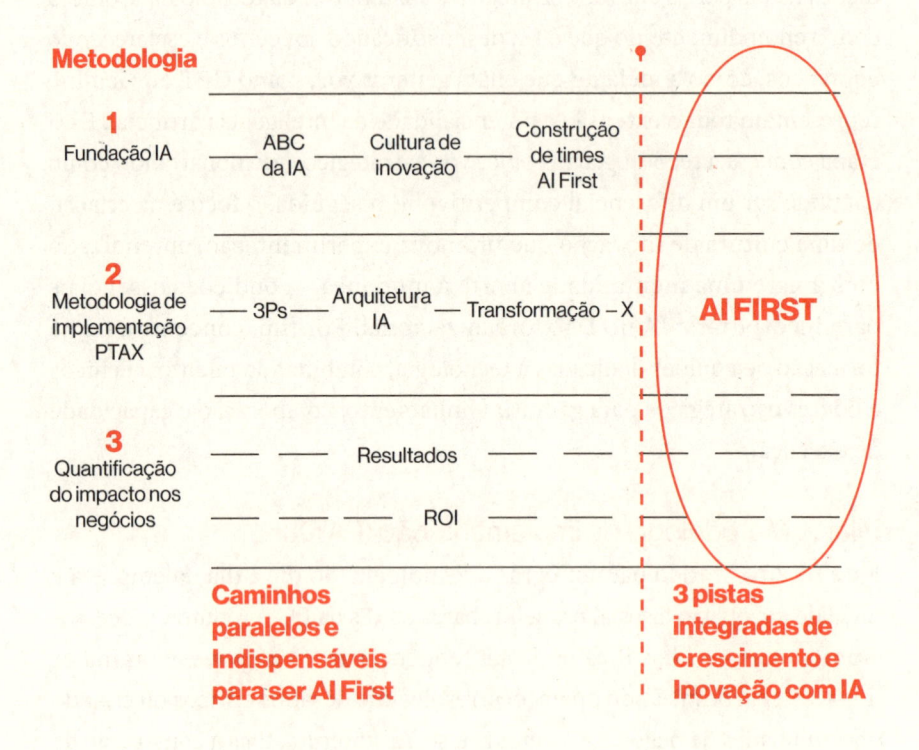

Metodologia

1 Fundação IA — ABC da IA — Cultura de inovação — Construção de times AI First

2 Metodologia de implementação PTAX — 3Ps — Arquitetura IA — Transformação – X

3 Quantificação do impacto nos negócios — Resultados — ROI

AI FIRST

Caminhos paralelos e Indispensáveis para ser AI First

3 pistas integradas de crescimento e Inovação com IA

Nos próximos capítulos, vamos explorar em detalhes os três pilares, apresentando cases de empresas que estão transformando seus negócios com IA e revolucionando mercados tradicionais. Um exemplo inspirador é a startup Atomwise, no setor farmacêutico. Para começar, vejamos o exemplo da startup Atomwise.

A jornada da Atomwise[26,27]

Localizada no Vale do Silício, a Atomwise tem inovado no setor farmacêutico. Em vez de seguir métodos tradicionais, a empresa apostou na IA para acelerar o desenvolvimento de novos fármacos. Historicamente, a busca por medicamentos envolve testes exaustivos de milhares de compostos – um processo caro, lento e incerto.

A Atomwise adotou uma abordagem inovadora, substituindo as tradicionais placas de Petri[28] por algoritmos avançados. Em vez de depender de testes aleatórios, a empresa emprega IA para prever quais moléculas têm maior potencial terapêutico. Usando algoritmos avançados, eles simulam como diferentes estruturas moleculares interagem com várias doenças, acelerando um processo que normalmente levaria anos.

Não é apenas questão de rapidez, mas de precisão e economia, eliminando testes redundantes e custos elevados. Com essa estratégia, a Atomwise levantou investimentos de 123 milhões de dólares para a expansão de suas tecnologias.[29]

Em um mundo onde milhões sofrem de doenças como câncer, obesidade e diabetes, em parte porque o custo para desenvolver tratamentos é muito elevado, a Atomwise surge como um exemplo poderoso de que, às vezes, a verdadeira revolução é acelerar processos e reduzir custos, a fim de gerar

---

[26] HOW Atomwise Accelerated and Innovated Drug Discovery and Time to Market with WEKA and AWS. **Weka**, c2025. Disponível em: www.weka.io/resources/case-study/how-atomwise-accelerated-and-innovated-drug-discovery-and-time-to-market-with-weka-and-aws/. Acesso em: 19 fev. 2025.

[27] ATOMWISE Publishes Results from 318-Target Study Showcasing AtomNet AI Platform's Ability to Discover Structurally Novel Chemical Matter. **Atomwise**, 2 abr. 2024. Disponível em: www.atomwise.com/2024/04/02/press-release-atomwise-publishes-results-from-318-target-study/. Acesso em: 19 fev. 2025.

[28] Placas de Petri são recipientes rasos e circulares, geralmente de vidro ou plástico, usados em laboratórios para cultivar microrganismos, como bactérias e fungos, em meios de cultura.

[29] ALARCON, N. Atomwise Raises $123 Million to Accelerate AI Drug. **NVidia**, 12 ago. 2020. Disponível em: https://developer.nvidia.com/blog/atomwise-raises-123-million-to-speed-up-ai-drug-discovery/. Acesso em: 19 fev. 2025.

saúde para a comunidade, não apenas facilitar o trabalho humano. A promessa não é só de mais eficiência, mas de um futuro em que a cura – ou tratamentos melhores – esteja ao alcance de mais pessoas.

Agora, você deve estar se perguntando: até onde a Atomwise chegou? Apesar de todos os avanços, a empresa ainda está no início da jornada de transformação. Acredita?

O foco, por enquanto, é encurtar o tempo de pesquisa em laboratório e melhorar a precisão nas fases mais críticas do desenvolvimento de medicamentos. No entanto, eles têm consciência de que, fazendo uso da IA, está próxima a inovação capaz de alterar todo o processo de desenvolvimento de fármacos.

Não à toa, a Atomwise chamou a atenção da Sanofi, uma gigante farmacêutica, resultando em uma parceria de 1,2 bilhão de dólares.[30] Esse encontro entre a tradição de uma grande corporação e a ousadia de uma jovem startup movida pela IA demonstra que a jornada de se tornar AI First nem sempre acontece de modo isolado. Muitas vezes, exige buscar parceiros que complementem sua visão e fortaleçam a execução.

Vivemos em uma era onde a liderança é definida pela ousadia em buscar o aparentemente impossível. Sendo AI First, não há limites para as conquistas. Vamos juntos transformar seu negócio, revolucionar sua indústria e moldar o futuro. A inovação está à sua espera. O primeiro passo dessa jornada começa agora.

---

[30] WALDRON, J. Sanofi Signs $1.2B Pact with Atomwise in Latest High-value AI Drug Discovery Deal. **Fierce Biotech**. Disponível em: www.fiercebiotech.com/biotech/sanofi-signs-12b-pact-atomwise-latest-high-value-ai-drug-discovery-deal. Acesso em: 10 mar. 2025.

VIVEMOS EM UMA ERA ONDE A LIDERANÇA É DEFINIDA PELA OUSADIA EM BUSCAR O APARENTEMENTE IMPOSSÍVEL. SENDO AI FIRST, NÃO HÁ LIMITES PARA AS CONQUISTAS.

IA PARA LÍDERES: DO CONCEITO À REALIDADE

05

ABC da IA

"A IA é uma das coisas mais importantes em que a humanidade já trabalhou. É mais profunda do que eletricidade ou fogo."
Sundar Pichai (CEO do Google)[31]

Em um luxuoso cassino na cidade de Pittsburgh, nos Estados Unidos, o ar está carregado de expectativa. O ano é 2017, e quatro jogadores veteranos de pôquer sentam-se à mesa para mais um jogo. Dessa vez, porém, o oponente não é humano, mas Libratus, um algoritmo de IA criado por pesquisadores da Carnegie Mellon University, representado por uma tela de computador.

Vinte dias e 120 mil mãos de pôquer depois, Libratus sai vitorioso, acumulando uma fortuna virtual de 1,7 milhão de dólares. A vitória da inteligência artificial não teve nada a ver com sorte, Libratus analisou cada movimento dos jogadores, cada aposta, cada microexpressão facial, aprendendo e se adaptando em tempo real. A máquina não apenas superou os humanos, mas também redefiniu o que era possível no mundo do pôquer, um jogo famoso pela necessidade de intuição e psicologia humanas.[32]

Anos mais tarde, a IA continua nos surpreendendo. DALL-E, uma aplicação desenvolvida pela OpenAI, cria obras de arte digitais que tentam rivalizar com as de grandes mestres. Não com pincéis e tintas, mas com algoritmos e dados. Um comando como "um astronauta cavalgando um cavalo em estilo Van Gogh" se transforma em uma imagem digital com cores vibrantes e

---

[31] CLIFFORD, C. Google CEO: A.I. Is More Important than Fire or Electricity. **CNBC**, 1 fev. 2018. Disponível em: www.cnbc.com/2018/02/01/google-ceo-sundar-pichai-ai-is-more-important-than-fire-electricity.html/. Acesso em: 20 jan. 2025.

[32] MÁQUINA vence humanos pela 1ª vez em jogo de pôquer. **Exame**, 1 fev. 2017. Disponível em: https://exame.com/tecnologia/maquina-vence-humanos-pela-1a-vez-em-jogo-de-poquer. Acesso em: 16 set. 2024.

detalhes. DALL-E é capaz de imitar estilos artísticos existentes, mas também cria outros, expandido as possibilidades de expressão criativa.

Esses dois acontecimentos, ainda que separados por anos, confirmam uma realidade: a inteligência artificial se infiltrou em quase todos os cantos da nossa vida. Desde o modo como trabalhamos até como jogamos cartas ou criamos conteúdo, a tecnologia está em todos os lugares. Mas, ao contrário do que muitos temiam, ela não simplesmente toma para si o que considerávamos habilidades exclusivamente humanas, como a criatividade ou o pensamento crítico. Em vez disso, nos obriga a enxergar essas habilidades com um novo olhar, mais amplo. E, no processo, nos leva a questionar o que de fato significa ser humano neste mundo em que a linha entre o natural e o artificial se torna cada vez mais tênue.

Definindo a IA

IA é a ciência e a engenharia por trás da criação de sistemas computacionais que emulam a inteligência humana. É a tecnologia que dá vida a máquinas inteligentes, capazes de realizar tarefas que antes exigiam a intervenção humana. Ela processa volumes gigantescos de dados em uma velocidade inimaginável para uma pessoa, extraindo insights valiosos e aprendendo com cada experiência para tomar decisões cada vez mais precisas e eficientes.

Agora, visualize essa tecnologia como um grande guarda-chuva que abrange uma variedade de subtecnologias, aplicadas separadamente ou em conjunto, para criar experiências que moldam nossa vida pessoal e profissional. Este capítulo inaugura o Pilar 1: Fundação, iniciando com a construção de uma base sólida – o ABC da inteligência artificial –, visando à compreensão e aplicação estratégica dessa tecnologia. Aqui, explicaremos de maneira clara e acessível o seu significado, desmistificando conceitos e explorando suas principais subáreas, além de destacar como cada uma pode ser empregada para transformar negócios e melhorar a vida das pessoas.

Decifrando as distintas tecnologias e os campos da IA

A inteligência artificial abrange tecnologias como as áreas fundacionais da IA: aprendizado de máquina (machine learning) e o aprendizado profundo (deep learning), que permitem às máquinas aprenderem e melhorarem a partir de dados, identificando padrões complexos. Além disso, existem os domínios de aplicação da IA, em que essas tecnologias são aplicadas para resolver problemas específicos em áreas como processamento de linguagem natural, visão computacional, autonomia e automação. Há também as tecnologias multimodais, onde muitos campos distintos da IA são integrados para criar soluções ainda mais sofisticadas. E, por fim, a IA generativa, que foca a criação de conteúdos, como textos, imagens, áudio e vídeo. Vamos explorar em detalhes algumas dessas tecnologias que compõem o grande guarda-chuva da IA, exemplificadas a seguir.

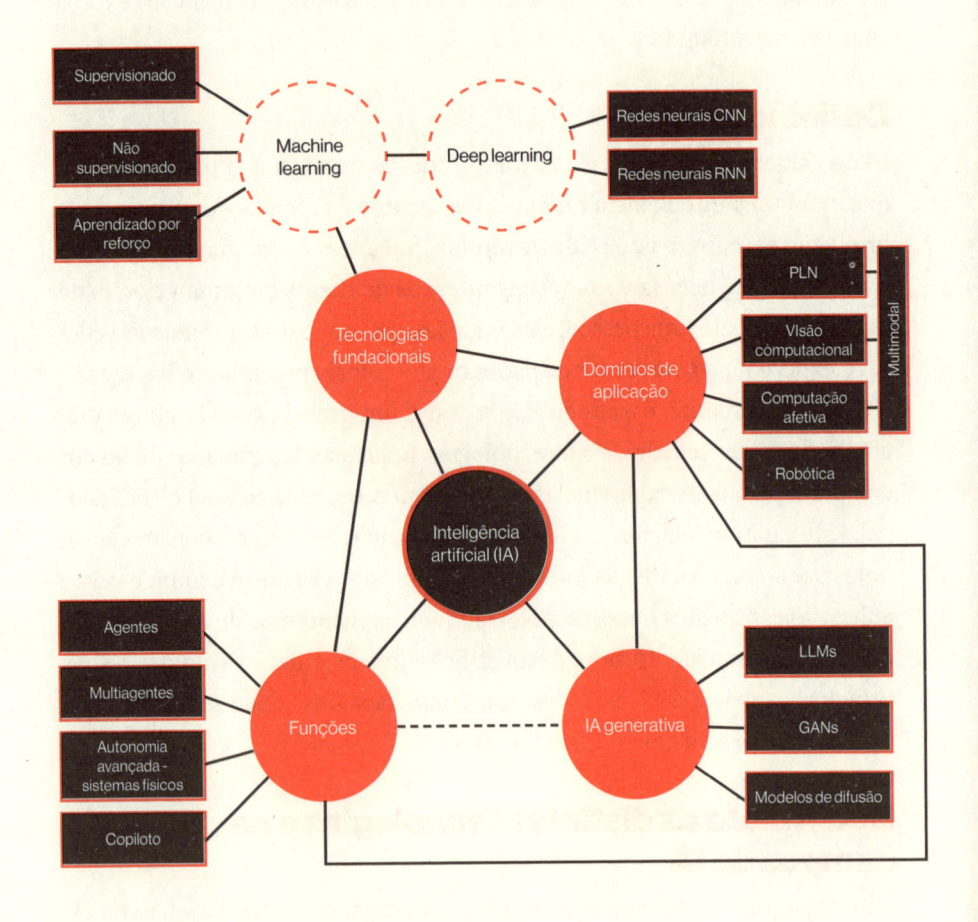

Tecnologias fundacionais da IA
Aprendizado de máquina (machine learning – ML)

O ML é uma área clássica da IA que desenvolve algoritmos para ensinar máquinas a aprenderem partir de dados. Ele identifica padrões e toma decisões com base em grandes volumes de dados, semelhante ao aprendizado humano a partir de experiências. Bancos e instituições financeiras, por exemplo, usam ML para detectar fraudes em tempo real, analisando transações e identificando padrões incomuns que podem indicar fraude, o que previne perdas. É como se cada transação fosse uma peça de um quebra-cabeça, e o aprendizado de máquina ajudasse a descobrir rapidamente quando uma peça não se encaixa no padrão esperado.

Imagine que alguém clona seu cartão de crédito e tenta fazer uma compra expressiva em um país diferente do habitual. O sistema de IA do seu banco, utilizando ML, detecta essa transação fora do padrão e a sinaliza de imediato como suspeita. O cartão é bloqueado antes que a compra seja concluída, prevenindo a fraude e protegendo suas finanças. Nesse caso, você pode agradecer ao seu banco e ao sistema de ML, que demonstrou ser eficaz e bem treinado ao impedir rapidamente o uso indevido do seu cartão.

Agora, considere um segundo cenário: você está viajando de férias no exterior e decide fazer uma compra e, quando tenta concluir a transação, seu cartão de crédito é recusado. Apesar de você estar de fato realizando a compra, o sistema de ML do banco não conseguiu diferenciar uma fraude de uma compra legítima. Em decorrência desse erro, seu cartão é bloqueado, deixando-o em uma situação embaraçosa e inconveniente. Isso indica que o sistema de ML do banco ainda não está desenvolvido adequadamente para lidar com contextos mais complexos, como o seu comportamento de compra em viagens. Em outras palavras, o ML do seu banco ainda está no jardim de infância, e precisa de mais dados e ajustes para melhorar a precisão e evitar esses erros.

Percebe como a eficácia do ML varia dependendo de quão bem a tecnologia esteja treinada e ajustada? No primeiro caso, o ML o protegeu de uma fraude real, mas, no segundo, falhou ao bloquear uma transação legítima.

O machine learning clássico pode ser desenvolvido usando três técnicas de aprendizado:

Aprendizado supervisionado: a máquina é treinada com dados de entrada e saída conhecidos, permitindo que ela aprenda a prever resultados com base em exemplos anteriores. Por exemplo, imagine ensinar um programa a distinguir entre fotos de gatos e cães. Você fornece várias imagens já identificadas como "gato" ou "cão", e a máquina aprende a reconhecer características que diferenciam os dois animais, podendo, então, classificar as imagens corretamente.

Aprendizado não supervisionado: a máquina trabalha com dados não rotulados e busca identificar padrões ou agrupamentos por conta própria, descobrindo estruturas ocultas nos dados. Por exemplo, considere uma empresa que deseja segmentar em grupos os clientes com comportamentos de compra semelhantes. Sem informações prévias sobre esses grupos, a máquina analisa os dados de compras e identifica padrões, agrupando os clientes com base em preferências ou hábitos similares.

Aprendizado por reforço: tecnologia em que os sistemas aprendem com as próprias experiências e o ambiente onde são empregados, de modo que ajustam suas ações para otimizar desempenho e eficiência. Um exemplo é a aplicação do aprendizado por reforço em sistemas de telegestão de iluminação pública. A tecnologia aprende a ajustar a intensidade da iluminação com base em fatores, como:

- **Condições climáticas:** em noites claras, a IA pode reduzir a intensidade da luz para economizar energia, enquanto em dias nublados ou chuvosos, a iluminação pode ser aumentada para garantir a segurança.
- **Horários:** a iluminação se ajusta de acordo com o fluxo de tráfego ou pedestres, reduzindo a intensidade em horários de menor movimento.
- **Nível de bateria:** otimizar o uso da energia armazenada e, assim, garantir que as luminárias fotovoltaicas funcionem mesmo em dias com pouca luz solar.

Aprendizado profundo (deep learning)

O deep learning é um nível mais sofisticado do ML porque utiliza redes neurais artificiais – sistemas inspirados na estrutura e no funcionamento do cérebro humano. Pense em como uma criança aprende a ler: no início, ela reconhece apenas letras avulsas. Com o tempo, aprende a combinar letras em sílabas e, em seguida, em palavras. As palavras se transformam em frases e, em pouco tempo, a criança é capaz de compreender textos complexos e histórias inteiras. Da mesma forma, cada camada da rede neural artificial no aprendizado profundo processa informações em níveis crescentes de complexidade. As camadas iniciais detectam características básicas nos dados, enquanto as camadas mais profundas aprendem a reconhecer padrões complexos e a realizar tarefas sofisticadas, como identificar objetos em imagens. Essa abordagem em camadas permite que o aprendizado profundo se saia bem em tarefas muito mais complicadas e variáveis, como autonomia veicular. Existem dois tipos de redes neurais:

Redes neurais convolucionais (CNNs): são um tipo especial de IA projetadas para entender e analisar com eficiência imagens e vídeos. Elas se inspiram em como o cérebro humano processa a informação visual, sendo compostas de várias camadas que identificam diferentes características de uma imagem, como bordas, texturas e formas. Para entender como funcionam, imagine que você está olhando uma foto de uma árvore. Inicialmente, seus olhos detectam as bordas das folhas e o contorno do tronco. Conforme você continua observando, seu cérebro começa a identificar texturas e padrões, como a rugosidade da casca ou as veias das folhas. Da mesma maneira, as CNNs aplicam diferentes filtros a uma imagem para detectar suas características, começando com detalhes simples e progredindo para padrões mais complexos.

Redes neurais recorrentes (RNNs): IA capaz de entender e analisar dados sequenciais, como palavras em uma frase ou eventos em um vídeo. A grande vantagem das RNNs é que elas têm "memória", ou seja, conseguem "lembrar" de informações anteriores enquanto processam novas informações. Isso permite capturar o contexto e a ordem dos dados, algo essencial para entender a linguagem natural. Pense em você se lembrando de muitas das informações importantes de páginas anteriores (assim espero) para entender melhor o que está lendo agora. Ou um diário, em que cada entrada contribui para uma compreensão completa de tudo o que aconteceu ao longo do tempo. As RNNs funcionam de maneira semelhante! Por exemplo, são utilizadas para analisar comentários e posts, descobrindo se as pessoas estão felizes, tristes, zangadas ou satisfeitas com um produto ou evento.

Quando uma grande empresa de eletrônicos lança um produto, ela precisa entender a reação dos consumidores. Para isso, são utilizadas

RNNs que analisam milhares de comentários nas redes sociais. Cada um é processado no contexto das frases anteriores e seguintes, permitindo que a RNN capture nuances e variações de sentimentos ao longo do tempo. A primeira etapa envolve a coleta de comentários e posts sobre o novo produto em diversas plataformas de redes sociais. A RNN processa esses comentários um a um, lembrando-se do que foi dito antes. Por exemplo, se um usuário escreve: "Eu estava muito animado com o novo telefone, mas a bateria não dura tanto quanto eu esperava", a RNN entende que o sentimento inicial era positivo, mas mudou para negativo devido à experiência com a bateria. Após analisar o contexto e a sequência de palavras, a RNN classifica o sentimento geral de cada comentário, podendo ser um sentimento positivo, negativo ou neutro. Com base nas análises, a empresa pode obter insights valiosos sobre a percepção pública. Por exemplo, se muitos comentários mencionarem problemas com a bateria, a empresa pode focar melhorias nesse aspecto ou ajustar sua comunicação para abordar essa preocupação.

Domínios de aplicação da IA
Processamento de linguagem natural (PLN)

Assistentes virtuais, como a Siri da Apple e a Alexa da Amazon, utilizam PLN para interpretar e responder a comandos de voz, compreendendo, inclusive, nuances na voz e contexto, o que proporciona uma interação mais natural e útil. Pense no PLN como a habilidade de ensinar uma máquina a "conversar" com você de forma inteligente e personalizada. Você não ajusta a fala dependendo da pessoa com quem está conversando? Isso também acontece com essas assistentes virtuais.

Esse processo parece simples, mas não é. Primeiro, a fala do usuário é convertida em texto por meio de tecnologias de reconhecimento de voz. Em seguida, a IA analisa a estrutura gramatical das frases (análise morfossintática) e o significado das palavras e frases no contexto (análise semântica) – e este último é muito importante. Por exemplo, se você disser "Está frio aqui", a IA deve entender que você está falando da temperatura ambiente, e não de uma emoção ou qualquer outra coisa. Depois de entender a mensagem, a IA deve gerar uma resposta adequada. Isso pode incluir acessar bancos de dados para informações, realizar uma ação específica ou continuar a conversa de maneira lógica e relevante.

Assistentes virtuais melhoram continuamente com o uso, uma vez que aprendem com as interações anteriores, ajustando respostas para melhor atender às preferências e necessidades do usuário. É como se estivessem sempre na escola, aprimorando suas habilidades de comunicação.

Visão computacional

É a capacidade dos sistemas de interpretar e entender o mundo visual, e assim poder analisar e processar imagens e vídeos de maneira semelhante aos humanos. Essa tecnologia envolve o uso de algoritmos e modelos de IA que extraem informações de dados visuais. É ela que está por trás do reconhecimento facial do smartphone, por exemplo.

Outra área de destaque da visão computacional é a agrária. Câmeras de alta resolução capturam imagens detalhadas, possibilitando à IA analisar diversos aspectos das plantas (sua saúde ou se há indícios de pragas, por exemplo) e do solo. Isso permite que os agricultores tomem medidas preventivas rapidamente, como aplicar pesticidas apenas nas áreas afetadas, ajustar a fertilização e a irrigação, e até mesmo planejar soluções para uma colheita que traga melhores resultados financeiros. Com certeza essa tecnologia está ajudando a aumentar a produtividade, reduzir o uso de recursos e melhorar a sustentabilidade da agricultura.

Computação afetiva

A computação afetiva estuda e desenvolve sistemas e dispositivos que reconhecem, interpretam, processam e simulam emoções humanas. Ela possibilita que um robô compreenda quando uma pessoa está triste, feliz ou frustrada, ajustando suas respostas para melhor atender às necessidades emocionais e contextuais dos usuários. Essa área busca proporcionar interações mais naturais e empáticas entre humanos e máquinas.

Por exemplo, um sistema de tutoria inteligente em uma sala de aula, utilizando computação afetiva, pode melhorar a experiência de aprendizagem ao detectar sinais de frustração ou confusão nos alunos por meio de expressões faciais, postura corporal e tom de voz. Caso o sistema identifique esses sinais, ele pode intervir de maneira personalizada, oferecendo explicações adicionais, ajustando o ritmo da aula ou fornecendo recursos suplementares para auxiliar o aluno a compreender o material.

A computação afetiva também pode ajudar professores a entender melhor as necessidades emocionais dos alunos. O sistema é capaz de fornecer feedback em tempo real sobre o clima emocional da sala de aula, permitindo, assim, a realização de ajustes na metodologia de ensino.

É a IA afetiva que está tentando tornar o GPT mais amigável, por exemplo. Nas palavras da cientista que está à frente dessa mudanças, Joane Jang: "modificar o comportamento do modelo é uma arte e uma ciência".[33] Ela trabalhou para adicionar personalidade ao ChatGPT e a outros sistemas, buscando torná-los mais envolventes e menos monótonos.

Robótica

Um dos campos mais fascinantes de aplicação da IA é a robótica. Ela envolve design, construção e operação de robôs alimentados por IA para automatizar tarefas complexas nas mais diversas áreas. Na indústria automobilística, por exemplo, robôs equipados com IA são usados para montar veículos com alta precisão, aumentando a eficiência e reduzindo os custos de produção.

A robótica também avança para áreas mais interativas e assistivas com a robótica cognitiva, que combina IA e robótica para criar androides capazes de entender e interagir com o ambiente de maneira inteligente. Um exemplo notável do potencial dessa área é a assistência para idosos. A máquina, ao aprender rotinas e preferências, oferece ajuda nas tarefas diárias, monitora a saúde e até serve de companhia aos idosos.

---

[33] JOANNE Jang. **Forbes**. Disponível em: www.forbes.com/profile/joanne-jang/. Acesso em: 19 fev. 2025.

Tecnologias multimodais

Essas tecnologias combinam múltiplos campos da IA, como a visão computacional, PLN e IA generativa, para criar aplicações mais sofisticadas. Ao operar de maneira integrada e sinérgica, elas desenvolvem produtos avançados capazes de enfrentar problemas complexos e impulsionar inovações. Um exemplo é o Google Lens, uma IA multimodal que processa imagens, texto e voz, reconhece objetos, traduz textos via OCR e integra diferentes dados para interação.

Funções avançadas
Agentes e multiagentes de IA

Agentes de IA são sistemas autônomos criados para realizar tarefas específicas de modo eficiente. Quando vários agentes trabalham juntos, formando um **sistema de multiagentes**, eles conseguem lidar com workflows[34] mais complexos. Cada agente tem uma função específica dentro desse fluxo e, ao se coordenarem, automatizam diferentes partes do processo de maneira integrada e eficiente.

Para entender o poder dos agentes de IA, é importante estabelecer uma hierarquia evolutiva da automação:

- **Automação tradicional:** representa o nível mais básico de automação, operando com regras fixas como "se X acontece, faça Y", sem qualquer flexibilidade ou capacidade de adaptação. Por exemplo, um sistema que envia automaticamente relatórios de vendas toda segunda-feira às 8h, executando sempre a mesma tarefa da mesma forma, independentemente do contexto ou da necessidade de ajustes.
- **Automação com IA:** é uma evolução da automação tradicional, pois segue passos predefinidos, mas utiliza IA em algumas etapas. Assim, mantém uma estrutura fixa, mas com maior flexibilidade na execução. Por exemplo, um sistema de análise de crédito que usa IA para avaliar perfis de risco seguindo critérios predefinidos e gerar recomendações personalizadas, mas seguindo um fluxo determinado de aprovação.

---

[34] *Workflow* é o conjunto de etapas e decisões que uma tarefa segue até ser concluída, como o processo de receber um pedido, verificar estoque, produzir e entregar um produto.

- **Agentes de IA:** representam o estado da arte em automação de processos, uma forma ultrassofisticada que define autonomamente sua estratégia seguindo o princípio "dado o objetivo X, determinar e executar os passos Y, Z... necessários", adaptando-se a mudanças e tomando decisões contextuais. Por exemplo, um sistema de gestão de atendimento ao cliente que autonomamente monitora todos os canais de comunicação (e-mail, chat, redes sociais); prioriza e distribui tickets baseado em múltiplos fatores, como urgência, complexidade, histórico do cliente e carga de trabalho da equipe; escala problemas automaticamente quando necessário; identifica padrões de problemas recorrentes para sugerir mudanças preventivas; ajusta a distribuição de recursos humanos baseado em previsões de demanda; e gera insights estratégicos para melhorar continuamente o produto ou serviço.

Em um **ambiente de multiagentes**, essa sofisticação é multiplicada. Imagine uma cadeia de suprimentos em que um agente analisa padrões de demanda, outro otimiza pedidos, um terceiro coordena a logística e dispara as entregas, e um quarto cuida da gestão de estoque, todos sob a coordenação de um agente master. O que torna os agentes de IA uma forma de "automação de processos sofisticada" é sua capacidade de tomar decisões autônomas, de adaptar-se a mudanças em tempo real, de aprender com experiências passadas, de coordenar-se com outros agentes e de integrar múltiplas fontes de dados e ferramentas. Essa evolução na automação representa um salto qualitativo no modo como processos podem ser otimizados, permitindo que sistemas não apenas executem tarefas predefinidas, mas realmente "pensem" na melhor estratégia para atingir objetivos complexos.

Esse modelo é bastante útil em ambientes dinâmicos, como um workflow de supply chain. Por exemplo: um agente recebe o pedido de compra, outro insere os dados no sistema ERP e um terceiro avalia o estoque e aciona a produção (se necessário), enquanto outro gerencia a logística e a entrega. No final, outro agente emite a nota fiscal e cobra o pagamento.

O QUE DE FATO SIGNIFICA SER HUMANO NESTE MUNDO EM QUE A LINHA ENTRE O NATURAL E O ARTIFICIAL SE TORNA CADA VEZ MAIS TÊNUE?

IA PARA LÍDERES: DO CONCEITO À REALIDADE

A força do sistema de multiagentes está na especialização e coordenação, permitindo que a automação complemente o trabalho humano, com a IA executando tarefas repetitivas e o humano focando as decisões mais críticas e estratégicas.

Autonomia avançada em sistemas físicos

Enquanto os agentes de IA transformam processos empresariais, a autonomia avançada expande esses conceitos para o mundo físico. Essa evolução integra visão computacional, deep learning e processamento de dados em tempo real para permitir decisões independentes em ambientes reais.

A evolução da autonomia física apresenta níveis distintos de complexidade. No nível básico, encontramos controles automáticos – como o *cruise control* em automóveis – que mantêm a velocidade constante, seguindo regras simples. No intermediário, temos tecnologias que incorporam IA em funções específicas, como sistemas de assistência ao motorista, que mantêm o veículo na faixa ou distância segura, operando com parâmetros predefinidos. A autonomia avançada representa o próximo passo desta evolução, exemplificada pelos veículos da Waymo e da Tesla.

As câmeras e os sensores instalados nos veículos são responsáveis por capturar o ambiente ao redor, utilizando visão computacional para identificar objetos, faixas de trânsito, sinais e pedestres. Esse componente de IA permite que o carro "veja" o mundo à sua volta, reconhecendo e processando informações visuais em tempo real.

Além disso, os carros integram processamento de linguagem natural (PLN) na interação com os passageiros. Quando o motorista pede uma rota ou dá um comando verbal, o carro entende o que está sendo dito, processa o pedido e ajusta suas ações conforme as necessidades do passageiro, tornando a experiência mais intuitiva e prática.

Agora, imagine que você está ensinando uma pessoa a dirigir. No início, você explica as regras básicas da estrada, como parar nos sinais de trânsito e ceder a passagem. Conforme essa pessoa ganha mais experiência, ela começa a reconhecer padrões mais complexos, como prever quando um pedestre pode atravessar a rua ou quando um carro à frente pode frear subitamente.

Da mesma forma, o deep learning, que embasa a autonomia veicular, funciona com muitas camadas de processamento, que analisam grandes volumes de dados de direção para fazer previsões precisas. O sistema aprende com cada situação, melhorando continuamente suas decisões de direção.

As redes neurais são como o instrutor de direção que, com base em dados de inúmeras experiências, guia o "aluno" – nesse caso, o carro – a reconhecer e reagir a situações complexas, como desviar de um obstáculo inesperado ou parar para um pedestre que demonstra intenção de atravessar a rua.

Esse aprendizado não ocorre apenas de forma isolada. Os carros da Tesla, por exemplo, não aprendem apenas com as próprias experiências, mas também com os dados coletados por todos os outros veículos da marca nas ruas. Essa vasta rede de informações permite que o sistema de aprendizado profundo se torne mais inteligente ao compartilhar novos padrões de tráfego e situações de direção, o que beneficia toda a frota. Se um carro encontra uma nova situação de tráfego, ele envia esses dados para a rede, onde eles são analisados e aprendidos, aprimorando o desempenho dos outros veículos.

Portanto, a combinação de visão computacional, PLN e deep learning, juntamente com a troca constante de informações entre veículos, torna esses sistemas de direção autônoma cada vez mais eficientes e seguros, aprendendo e se ajustando de maneira similar ao modo como humanos se tornam motoristas melhores com a prática. Vejamos no gráfico a seguir uma comparação das formas de automação abordadas até agora.

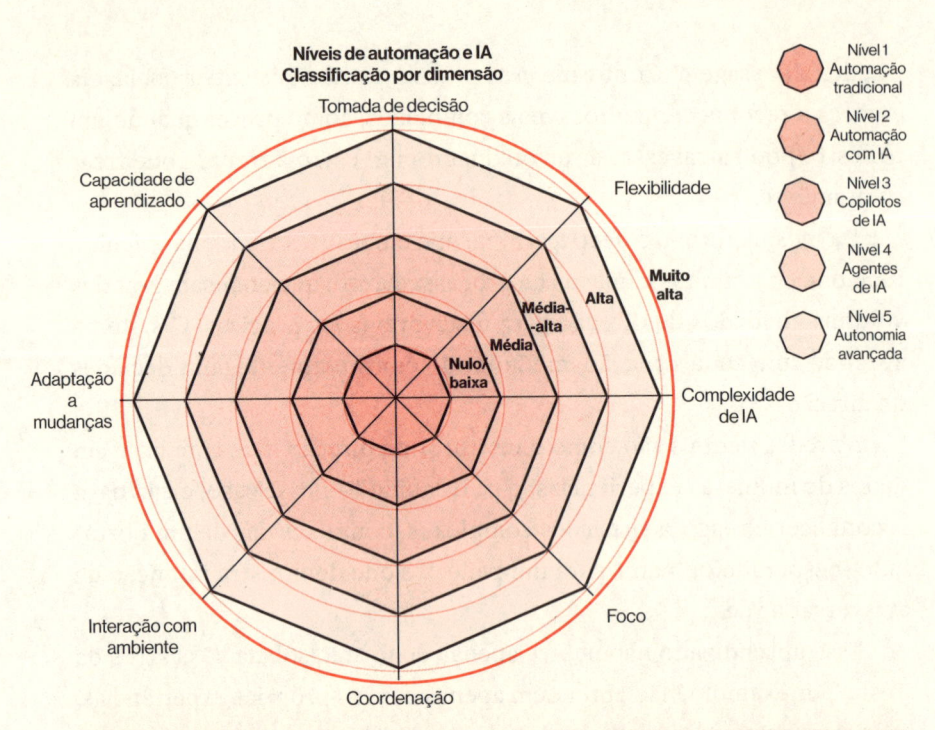

**Níveis de automação e IA
Classificação por dimensão**

Eixos do radar: Tomada de decisão, Flexibilidade, Complexidade de IA, Foco, Coordenação, Interação com ambiente, Adaptação a mudanças, Capacidade de aprendizado.

Escala: Nulo/baixa, Média, Média-alta, Alta, Muito alta.

Legenda:
- Nível 1 Automação tradicional
- Nível 2 Automação com IA
- Nível 3 Copilotos de IA
- Nível 4 Agentes de IA
- Nível 5 Autonomia avançada

Nível	Descrição resumida	Complexidade de IA	Flexibilidade e autonomia	Exemplo prático
1. Automação tradicional	Executa regras fixas ("Se X, então Y") sem capacidade de adaptação.	Nula: não usa aprendizado de máquina.	Baixa: qualquer mudança requer reprogramação. Decisões pré-definidas, sem ajustes dinâmicos.	Envio automático de relatórios semanais.
2. Automação com IA	Usa IA em algumas etapas pontuais, mas segue fluxos mais ou menos fixos.	Média: aplica algoritmos de machine learning pontuais.	Média: adaptabilidade limitada ao retreinar modelos, mas segue um fluxo definido.	Análise de crédito com IA.
3. Copilotos de IA	Sistemas que sugerem ações e assistem o usuário, sem total autonomia (humano decide aceitar/rejeitar).	Média-alta: modelos contextuais que geram sugestões.	Média-alta: responde a feedback do usuário, ajustando recomendações. Tomada de decisão compartilhada.	GitHub Copilot sugerindo códigos.
4. Agentes de IA	Definem e executam estratégias para atingir objetivos de forma autônoma, adaptando-se conforme o contexto.	Alta: utilizam diversas técnicas e modelos mais avançados de IA e trabalham em sincronia com outros agentes.	Alta: podem reconfigurar planos e tomar decisões sem supervisão constante, interagindo com outros agentes.	Chatbots proativos para gestão de atendimento.
5. Autonomia avançada em sistemas físicos	Atuam no mundo real (físico), tomando decisões complexas em tempo real.	Muito alta: fusão de dados de múltiplos sensores, aprendizado contínuo entre o meio físico e real.	Extrema: reagem em frações de segundo a eventos imprevisíveis do mundo físico e real (tráfego, pedestres, clima).	Veículos autônomos (Waymo/Tesla), robôs humanoides.

IA generativa

A IA generativa, cujo foco é a criação autônoma de novos conteúdos, abrange diversas áreas, como geração de textos, imagens, áudio e vídeo. Ela utiliza técnicas que também integram diferentes campos da inteligência artificial, como PLN e visão computacional.

Em relação à criação de textos, a tecnologia fundacional da IA generativa são os modelos de linguagem de grande escala (LLMs – *large language models*). Pense nesses modelos como enormes bibliotecas digitais, capazes de analisar grandes volumes de dados textuais, como livros, artigos e sites, e identificar padrões para gerar textos coerentes e contextualmente relevantes – uma tarefa linguística complexa, que até inclui tradução automática.

Entre os principais LLMs do mercado estão:

- **GPT da OpenAI:** GPT, que significa *generative pre-trained transformer*, é o modelo por trás do ChatGPT, amplamente utilizado para criação de conteúdos, respostas a perguntas e automação de processos. O GPT é conhecido por sua capacidade de entender contextos complexos e gerar textos que soam naturais.
- **Gemini do Google:** é um dos modelos centrais do ecossistema Google, projetado para fornecer respostas precisas e contextualizadas. Ele está integrado em serviços como o Google Search e assistentes de voz, oferecendo uma experiência de busca e interação mais fluida e natural.
- **Claude da Anthropic:** o Claude 2 se destaca por sua ênfase em segurança e alinhamento ético, sendo a escolha ideal para empresas que precisam de respostas seguras, priorizam compliance e mitigação de risco.
- **LLaMA da Meta:** é um modelo de código aberto, permitindo personalização e experimentação de forma mais fácil em comparação com outros LLMs proprietários. É eficiente em termos de recursos, exigindo menos poder computacional para entregar resultados.
- **R:** é um modelo desenvolvido pela startup Chinesa DeepSeek, fundada em 2023 por Liang Wenfeng. Com uma abordagem focada em pesquisa e uma estrutura enxuta, a empresa revolucionou o mercado ao desenvolver modelos de linguagem comparáveis aos dos gigantes americanos – como o ChatGPT –, mas com um custo de treinamento significativamente menor.

Em poucos dias, sua aplicação gratuita, baseada no modelo R1, tornou-se a mais baixada na App Store dos EUA, desencadeando uma queda abrupta nas ações de empresas como a Nvidia, que registrou perdas recordes. Esse impacto repentino, descrito por muitos como um "momento Sputnik" na corrida global da IA, desafia a lógica dos altos investimentos do setor tecnológico nos EUA e abre caminho para uma nova era de competitividade e eficiência no desenvolvimento de IA. Esse feito marca o início da segunda Guerra Fria mundial – a corrida da IA entre Estados Unidos e China.

Alguns desses LLMs também são multimodais, isto é, são capazes de gerar texto e outros formatos de conteúdo, como imagens e áudio. Essa capacidade expande a aplicação dessas IAs em áreas como design gráfico, análise de imagens médicas e criação de conteúdo multimídia.

A criação de imagens utiliza técnicas como redes adversárias generativas (GANs) e modelos de difusão. As GANs envolvem dois modelos de IA que trabalham em conjunto: um cria a imagem e o outro avalia sua precisão, resultando em imagens cada vez mais realistas. Já os modelos de difusão funcionam como um esboço que se torna mais claro à medida que mais informações são processadas, refinando os detalhes até gerar algo nítido e realista.

Um exemplo de IA generativa aplicada à geração de imagens é o DALL·E, que mencionamos no início deste capítulo. Essa ferramenta transforma descrições textuais em imagens detalhadas. Por exemplo, ao digitar uma frase como "a Mona Lisa de Da Vinci pintada em estilo futurista", o DALL·E gera uma imagem precisa dessa cena.

A evolução científica da IA

É possível classificar a evolução da IA em três estágios: inteligência artificial estreita (ANI – *artificial narrow intelligence*), inteligência artificial geral (AGI – *artificial general intelligence*) e superinteligência artificial (ASI – *artificial superintelligence*).

A ANI são sistemas projetados para executar tarefas com alto desempenho, mas sem versatilidade fora do escopo para o qual foram criados. Todas as aplicações que discutimos anteriormente, são exemplos, até o momento, de ANI. Embora funcionem bem em contextos delimitados, não resolvem problemas inteiramente novos sem treino prévio. Há, no entanto, esforços no sentido de avançar dessa abordagem restrita para um patamar mais amplo, a AGI, ainda em 2025.

AGI são sistemas capazes de raciocinar e aprender de maneira geral, atuando em qualquer domínio de conhecimento, sem depender de instruções detalhadas ou dados específicos para novas tarefas. Essa forma de inteligência teria flexibilidade para se adaptar a situações imprevistas, sendo tão inteligentes quanto os humanos.

Por fim, a ASI superaria a inteligência humana em todos os aspectos, incluindo capacidade de resolver problemas inéditos de alta complexidade, identificar soluções inovadoras para desafios globais e propor avanços tecnológicos inimagináveis. Apesar de oferecer possibilidades de transformação sem precedentes, a dificuldade de controlar ou mesmo compreender plenamente uma inteligência tão avançada gera preocupações significativas para a existência da própria humanidade.

Estágios da inteligência artificial

Inteligência artificial estreita

Fase 1
Machine learning

- Sistemas criados para desempenhar tarefas e resolver problemas específicos

Inteligência artificial geral

Fase 2
Machine intelligence

- Máquinas que são tão inteligentes quanto pessoas nos quesitos de raciocínio, entendimento e aprendizado

Superinteligência artificial

Fase 3
Machine consciousness

- Máquinas mais inteligentes que os humanos. Do inglês, "consciência", seriam as máquinas que têm conhecimento da própria existência e, portanto, livre-arbítrio

O poder dos dados e a liderança na nova era

Todas as tecnologias, incluindo a IA, são impulsionadas por dados. Grandes volumes de dados de alta qualidade alimentam os algoritmos de IA, permitindo que aprendam, adaptem-se e tomem decisões inteligentes. Apple, Microsoft e Nvidia reconheceram esse poder estratégico da IA e dos dados para transformar seus negócios e redefinir indústrias e, por isso, fazem parte do chamado "clube do trilhão" – um seleto grupo de empresas cujo valor de mercado ultrapassa a marca de um trilhão de dólares.

Dados são como o petróleo da era digital. Assim como o petróleo impulsionou a velha economia, os dados impulsionam a nova e a revolução da IA. No entanto, assim como o petróleo cru, os dados brutos têm pouco valor se não forem refinados. O valor real surge quando são processados, analisados e transformados em informações úteis e acionáveis. Esse é um movimento, inclusive, que deve ser feito pelas empresas antes mesmo de rodar os modelos de IA descritos neste capítulo. As organizações que assim o fazem têm uma vantagem competitiva significativa.

Caminho e economia do dado

	Fase 1	Fase 2	Fase 3
	Reserva | Extração	Refino | Engenharia	Produto | Processo
Velha economia (petróleo)			Gasolina
Nova economia (dados)		AI	
Valor	$	$$$	$$$$$$$....

Caminho e economia do dado - Exemplo da Apple

	Fase 1	Fase 2	Fase 3
	Reserva | Extração	Refino | Engenharia	Produto | Processo
Dados	Câmera do iPhone (hardware) > fotos/vídeo Rosto para reconhecimento facial/ autenticação	IA (visão computacional)	Mais segurança e conveniência Login Conveniência
Valor	$	$$$	$$$$$$$....

Tão importantes quantos os dados são os hardwares (as máquinas e os dispositivos que capturam dados brutos) e os softwares (os modelos de IA). A sinergia dos três transcende a mera tecnologia, tornando-se um trunfo estratégico que impulsiona o crescimento e a liderança. Esse é um aspecto chave para o sucesso no "clube do trilhão".

A Apple, por exemplo, utiliza os dados coletados por seus dispositivos para criar recursos inovadores baseados em IA. O aplicativo Fotos do iPhone utiliza IA para organizar automaticamente as imagens, reconhecer rostos e identificar objetos e cenários, permitindo que os usuários pesquisem e encontrem fotos com rapidez. Perceba: o celular (hardware) captura uma foto (dado), os modelos de IA (software) identificam quem é quem e organizam o álbum de modo automático.

Esse ciclo contínuo de captura, processamento e aplicação cria um ecossistema em que a IA não apenas consome dados, mas também gera valor real para os usuários e as empresas, formando um modelo de negócio tão fechado que é praticamente impossível competir com ele.

Seu principal papel é ensinar sua empresa a aplicar IA em escala

Neste capítulo, exploramos os diversos campos que compõem a IA e aprendemos como os dados dão vida a essa tecnologia. Agora, porém, começa o verdadeiro desafio.

Pense por um momento: como você está tratando seus dados? Está organizando e capturando os dados certos? Ou apenas acumulando dados de maneira superficial, sem um propósito claro? Está escolhendo as subtecnologias de IA adequadas para resolver os problemas de negócios mais pertinentes e inovar seus produtos? Cada uma dessas perguntas é crucial para transformar dados brutos em insights valiosos e acionáveis. Qual o grau de maturidade da IA na sua empresa?

Imagine o impacto que você pode ter ao adotar a IA como peça central da sua estratégia. Pense nas possibilidades de transformar suas operações, revolucionar a experiência do cliente e abrir fronteiras de inovação. Preparar-se para explorar, inovar e liderar com a IA e os dados no coração de sua estratégia não é mais uma opção, mas um pré-requisito para o seu negócio se sustentar e decolar.

O objetivo aqui é transformar a sua empresa em uma AI First, e, para tanto, vamos construir juntos um alicerce poderoso: criar uma cultura forte de inovação e formar uma equipe robusta em IA. O próximo passo da jornada começa agora: a IA + você formando uma aliança para potencializar seus resultados de negócio e acelerar sua carreira.

PREPARAR-SE PARA EXPLORAR, INOVAR E LIDERAR COM A IA E OS DADOS NO CORAÇÃO DE SUA ESTRATÉGIA NÃO É MAIS UMA OPÇÃO, MAS UM PRÉ-REQUISITO PARA O SEU NEGÓCIO SE SUSTENTAR E DECOLAR.

IA PARA LÍDERES: DO CONCEITO À REALIDADE

06

Construindo uma cultura de inovação

"Cultura é a personalidade coletiva de uma organização."
Jeff Weiner[35]

Dennis Muilenburg personificava o executivo ideal.[36,37] **Com mais de três décadas dedicadas à Boeing, esse engenheiro escalou cada degrau da hierarquia até ser nomeado CEO quase sem contestação em 2015.** Sob sua gestão, a Boeing quebrou sucessivos recordes financeiros e solidificou sua posição como gigante mundial da aviação.

Em outubro de 2019, porém, Muilenburg encontrava-se em uma situação bem diferente. Diante do Congresso americano, ouviu críticas contundentes sobre como a Boeing, sob sua liderança, havia falhado em garantir segurança em seus voos: com um intervalo de poucos meses, 346 vidas foram perdidas em dois acidentes com o modelo 737 MAX.

As investigações concluíram que falhas em um dos sistemas de automatização e controle das aeronaves causaram as quedas. Os acidentes expuseram não apenas os problemas técnicos, mas também as escolhas feitas em um ambiente de pressão

---

[35] 10 SUCCESS Lessons From Jeff Weiner CEO Of LinkedIn For Entrepreneurs. **Know Startup**, 3 mar. 2023. Disponível em: https://knowstartup.com/2017/01/10-success-lessons-from-jeff-weiner-for-entrepreneurs/. Acesso em: 19 fev. 2025.

[36] BASU, R. Ex-Boeing CEO Favored Corporate interests Over Safety, just Like His Home State of Iowa. **Des Moines Register**, 21 jul. 2024. Disponível em: www.desmoinesregister.com/story/opinion/columnists/iowa-view/2024/07/21/dennis-muilenberg-boeing-ceo-put-corporate-interests-over-safety-iowa/74448185007/. Acesso em: 19 fev. 2025.

[37] ISIDORE, C. These Are The Mistakes That Cost Boeing CEO Dennis Muilenburg His Job. **CNN**, 24 dez. 2019. Disponível em: www.cnn.com/2019/12/24/business/boeing-dennis-muilenburg-mistakes/index.html. Acesso em: 19 fev. 2025.

por resultados financeiros e prazos agressivos. Na corrida para competir com a Airbus e acelerar o lançamento do 737 MAX, a Boeing priorizou a redução de custos e de tempo de desenvolvimento. Essa estratégia os levou a encurtar os rigorosos processos de validação de segurança e a ignorarem as preocupações levantadas por engenheiros. A empresa deixou de lado valores fundamentais, permitindo que a velocidade de entrega assumisse o protagonismo.

Paralelamente, a cultura corporativa da Boeing já não se alinhava mais com um mundo em rápida transformação tecnológica. Atitudes como evitar questionar processos estabelecidos e fechar-se para experimentação de novas soluções e de adoção de tecnologias emergentes criaram barreiras à inovação e ao aprendizado contínuo.

A história da Boeing ilustra como a cultura de uma organização pode ser tanto sua maior força quanto sua maior vulnerabilidade. Não se trata de um legado imutável, mas de um organismo vivo que deve honrar seus valores essenciais enquanto evolui diante dos desafios atuais. Quando esse equilíbrio se perde, as consequências podem ser catastróficas.

Neste capítulo, vamos explorar como empresas inovadoras alinham cultura e transformação. Como já vimos, adotar novas tecnologias, como a IA, vai além da simples implementação de ferramentas; trata-se de preparar a organização para inovar de maneira contínua e sustentável. E isso só é possível quando a cultura interna apoia e potencializa a mudança.

Cultura e valores não são a mesma coisa

Embora muitas vezes sejam confundidos, cultura e valores são coisas diferentes. Os valores representam os princípios centrais que guiam o comportamento e as decisões de uma organização. Não devem, porém, ser apenas palavras bonitas. É preciso que ganhem vida, e é aí que entra a cultura.

A cultura de uma empresa é o reflexo prático desses valores, como eles são vividos no dia a dia, em cada ação, prática e interação entre as pessoas. Assim, ela deve ser adaptável e evoluir conforme as necessidades da organização, assegurando que os valores se manifestem de maneira autêntica e tangível.

É possível, então, afirmar que, enquanto os valores são a base, a cultura é o comportamento e as práticas que devem refletir essa base.

No caso da Boeing, embora a segurança e a qualidade fossem valores declarados, a cultura começou a refletir outras prioridades – como já citado, redução de custos e aceleração da produção –, que afastaram a empresa dos valores fundamentais: segurança e qualidade dos produtos.

Empresas que, por um lado, afirmam valorizar a "inovação" e, por outro, não dão a devida atenção a riscos e priorizam o statu quo, criam uma discrepância entre os valores declarados e a cultura vivida. Essa discrepância é mais comum do que se imagina. Muitas empresas, por exemplo, afirmam valorizar a "colaboração", mas cultivam uma cultura de silos departamentais. Em outras, de maior porte, a cultura pode variar entre os departamentos e as equipes, criando subculturas e tensões desnecessárias.

Essas disparidades podem levar à estagnação e à resistência à mudança, impedindo a adoção eficaz de novas tecnologias, como a inteligência artificial.

E foi pensando em ajudar as empresas a alinhar sua cultura com a inovação e a adoção da IA que desenvolvemos o código de cultura AI First.

Introduzindo o código de cultura AI First

Esse código representa uma fonte abrangente de valores e práticas focadas em inovação, centralidade no cliente e IA. Desenvolvido a partir de anos de experiência e estudos com algumas das empresas mais inovadoras do mundo, ele serve como um modelo que as empresas podem usar para ajustar sua cultura organizacional durante os processos de transformação. Importante salientar que esse código não substitui os valores fundamentais existentes – como ética, transparência e segurança, que continuam sendo a base sólida da empresa.

Estrutura do Código de Cultura AI First

O código possui quatro princípios fundamentais, e é composto por valores e práticas.

Princípio 1: Ser uma organização de alta performance
Valores fundamentais

- **Formar os melhores times do mercado:** a meta é ser referência em qualidade de equipe. Isso significa atrair e reter talentos que, além de possuírem habilidades técnicas excepcionais, compartilhem a visão da empresa e se alinhem à sua cultura.

- **Pessoas com ambição, propósito transformador e em constante evolução:** buscar indivíduos comprometidos com um propósito maior, que desejem fazer a diferença e estejam sempre em busca de crescimento e aprimoramento. Esses profissionais mantêm uma mentalidade de evolução contínua, tratando o aprendizado e a inovação como práticas essenciais para o desenvolvimento.
- **O cliente define um trabalho bem-feito, e nossos resultados definem o padrão de mercado:** inspirados pelos princípios de impacto positivo, acredita-se que o verdadeiro sucesso é medido pelo valor do que se entrega aos clientes. Quando eles percebem valor nos produtos e serviços, sabe-se que a empresa está no caminho certo. Os resultados, portanto, estabelecem o padrão de excelência no mercado, servindo como referência para a indústria.

Práticas
- **Excelência na formação de times**
  O que fazer: implementar um processo de seleção em quatro etapas no mínimo, incluindo fit cultural, case técnico, painel com o time e uma fase de imersão. Esse processo rigoroso busca garantir um forte alinhamento com os valores e a cultura de alta performance. Complementar com programas de mentoria e desenvolvimento para acelerar o crescimento dos talentos. Pessoas recém-contratadas devem passar por um processo estruturado de onboarding em que a cultura é central.
  Critérios de sucesso:
    - Taxa de sucesso das contratações e período de experiência: > 95%.
    - NPS interno de satisfação dos colaboradores: > 80.
    - Frequência de monitoramento: mensal.
    - **Responsável:** People Analytics + líderes diretos.
- **Desenvolvimento contínuo**
- **O que fazer:** promover uma estrutura de crescimento contínuo em que, trimestralmente, cada colaborador, junto com seu líder, define uma meta de desenvolvimento personalizada. Acompanhar o progresso por meio de dashboards semanais de performance e

oferecer suporte em treinamentos, projetos desafiadores (stretch assignments) e feedback técnico para fortalecer habilidades.

Critérios de sucesso:
- **Metas de desenvolvimento trimestrais:** meta de desenvolvimento definida por colaborador e líder a cada trimestre.
- **Horas de desenvolvimento anual:** total de 80 horas de atividades de desenvolvimento por colaborador ao ano.
- **Frequência de monitoramento:** mensal.
- **Responsável:** gestores e RH.

- **Feedback loop com cliente**
  O que fazer: automatizar o NPS e coletar dados de suporte e fontes externas como redes sociais após cada interação, e realizar análises semanais, se não diárias, dos feedbacks, usando IA para categorizar e priorizar as necessidades dos clientes. Organizar sprints quinzenais de ajustes para responder rapidamente a insights do cliente, garantindo melhorias contínuas e alinhamento com suas expectativas.

  Critérios de sucesso
  - **NPS:** > 80.
  - **Tempo de resposta para feedback crítico:** < 24 horas.
  - **Análise e resposta das sugestões de clientes:** 80% em até 7 dias.
  - **Frequência de monitoramento:** diária/semanal.
  - **Responsável:** CX, Customer Success + time de produtos.

Princípio 2: Obsessão por inovação e crescimento
Valores fundamentais

- **Visão e otimismo constantes:** acreditar em um futuro promissor, mas manter os pés no chão. O otimismo deve ser equilibrado por uma vigilância constante, que permite identificar e mitigar riscos com agilidade, mantendo-se prontos para agir diante de oportunidades e desafios. Não deixar nenhum concorrente surpreender a empresa.

- **Curiosidade em como fazer melhor e diferente:** valorizar a busca incessante por novas abordagens e soluções, incentivando a disposição para experimentar e explorar ideias que desafiem o statu quo e promovam inovação.
- **Balanço entre expansão e inovação sustentável:** manter o equilíbrio entre o crescimento dos produtos e serviços já consolidados e o investimento em soluções inovadoras. A estratégia deve priorizar iniciativas que se adaptem às necessidades futuras, promovendo uma expansão sustentável e impactante.

Práticas

- **Aprendizado rápido**
  O que fazer: adotar uma metodologia de MVP que permita validação de ideias em até quinze dias, promovendo experimentos rápidos e retrospectivas semanais para capturar aprendizados. Manter uma base de conhecimento compartilhada, garantindo que as lições aprendidas estejam acessíveis e aplicáveis em novas iniciativas.
  Critérios de sucesso
    - **Tempo médio de validação:** < 15 dias.
    - **Insights acionáveis:** 50% dos experimentos.
    - **Documentação dos aprendizados:** disponível em até 24 horas.
    - **Frequência de monitoramento:** diária.
    - **Responsável:** Tech Leads + time de produtos.

- **Inovação direcionada com balanço estratégico**
  O que fazer: alocar 70% dos recursos no fortalecimento do *core business* e 30% em iniciativas de inovação de longo prazo. Realizar uma revisão mensal do portfólio de inovação para avaliar o retorno e readequar recursos conforme os resultados.
  Critérios de sucesso:
    - **Número de iniciativas estratégicas:** alinhadas a cada trimestre.

- **Impacto sustentável:** após validação inicial, 10% das inovações avançam com planos de expansão para crescimento de longo prazo.
- **Frequência de monitoramento:** mensal.
- **Responsável:** Innovation Office ou time de produtos.

Princípio 3: Mentalidade de startup corporativa
Valores fundamentais

- **Espírito empreendedor:** estimular a criatividade e a busca por novas oportunidades, valorizando a iniciativa individual e o risco calculado. Cada colaborador é encorajado a agir como um intraempreendedor, contribuindo com ideias e soluções que promovam o crescimento e a inovação dentro da organização.
- **Viés de ação e execução:** boas ideias só geram impacto quando implementadas. Por isso, incentivar a proatividade e a agilidade, garantindo que as iniciativas não fiquem apenas no plano das ideias, mas se traduzam em ações concretas e resultados mensuráveis.
- **Eficiência operacional:** priorizar a simplicidade em processos e estruturas para manter a organização flexível e responsiva. Buscar constantemente formas de otimizar operações e eliminar o que não agrega valor, assegurando uma adaptação rápida às demandas do mercado.

Práticas

- **Autonomia para inovar**
  O que fazer: oferecer a cada *squad* um orçamento mensal para inovação (ex.: R$ 5 mil/mês) e um processo de aprovação rápido, capacitando as equipes para desenvolver novos protótipos e testar soluções inovadoras de forma ágil.

Critérios de sucesso:
- **Iniciativas de inovação em andamento:** 100% das *squads* com pelo menos um projeto de inovação ativo a cada trimestre.
- **Taxa de conversão de protótipos em produção:** 30% dos protótipos aprovados avançam para implementação em produção.
- **Frequência de monitoramento:** quinzenal.

- **Responsável:** Tech Leads + Innovation Office + time de produtos.
- **Eficiência operacional**
  O que fazer: realizar auditorias mensais de processos para identificar oportunidades de otimização e automatização. Manter um sistema de sugestões com recompensas para colaboradores que proponham ideias de otimização.

Critérios de sucesso:
- **Redução em tempo de processos anuais:** 30%.
- **Automação de tarefas operacionais:** 95% das tarefas repetitivas.
- **ROI em projetos de automação:** > 3x.
- **Frequência de monitoramento:** semanal.
- **Responsável:** Operations + analista de produtividade de IA.

Princípio 4: Transparência e autonomia radical

Valores fundamentais

- **Transparência total de performance:** manter a comunicação clara e honesta sobre resultados e expectativas, com visibilidade contínua sobre o desempenho organizacional.
- **Confiança e empoderamento:** confiar nos times e remover barreiras para que atuem com autonomia e responsabilidade.
- **Colaboração data-driven:** promover uma cultura na qual decisões são orientadas por dados, incentivando a colaboração informada entre equipes e assegurando que todos os níveis estejam alinhados com base em insights claros.

Práticas

- **Comunicação estruturada**
- **O que fazer:** manter uma comunicação transparente e acessível em todos os níveis da organização. Realizar reuniões diárias de alinhamento, *all-hands* quinzenais e disponibilizar um *dashboard* com métricas de performance e KPIs de projetos estratégicos, garantindo que todos os colaboradores tenham visibilidade sobre o desempenho da empresa.

Critérios de sucesso:
- **Acessibilidade dos dados de performance:** 100% dos colaboradores têm acesso a dashboards e relatórios com métricas-chave e indicadores de performance organizacional.
- **Tempo de resposta para comunicações internas:** resposta em menos de quatro horas para comunicações internas importantes, especialmente para informações estratégicas e operacionais.
- **Responsável:** líderes + comunicação.

- **Autonomia responsável**
  - **O que fazer:** adotar uma matriz de decisão RACI[38] para definir claramente papéis e responsabilidades em decisões autônomas, garantindo que cada colaborador saiba quando liderar, apoiar ou consultar. Complementar com um sistema de *peer review*, onde as decisões são revisadas por pares para promover qualidade e alinhamento com os objetivos da equipe.

Critérios de sucesso:
- **Decisões tomadas sem escalação:** 80%.
- **Tempo médio de decisão:** < 24 horas.
- **Responsável:** Time de liderança.

- **Capacitação e feedback baseados em dados para decisões estratégicas**

  O que fazer: implementar capacitação contínua em ferramentas de dados e um processo estruturado de feedback para garantir que colaboradores tomem decisões informadas e estratégicas. Realizar workshops e módulos on-line para assegurar a proficiência em dados.

Critérios de sucesso
- **Participação em workshops de capacitação:** 90% dos colaboradores por semestre.

---

[38] A matriz RACI define papéis e responsabilidades em projetos, trazendo clareza na execução e na tomada de decisões. O R (responsável) é quem executa a tarefa, enquanto o A (accountable) aprova e assume a responsabilidade final pelo resultado. O C (consultado) é consultado para fornecer orientações antes da execução, e o I (informado) precisa ser informado sobre o andamento ou conclusão da atividade.

- **Proficiência em ferramentas de dados:** testes com > 85% de acertos. Principalmente equipes de dados.
- **Responsável:** Learning & Development Team + Data Strategy Office + time de liderança.

Como utilizar o código de Cultura AI First

Após compreender a estrutura e os princípios do Código de Cultura AI First, o próximo passo é colocá-lo em prática na organização. A seguir, apresentamos um guia detalhado de como utilizar esse código para transformar e sustentar a cultura organizacional durante os processos de inovação e transformação digital.

Passo 1: Avaliar a cultura atual e identificar lacunas

Compreender o panorama cultural existente permite captar tanto os pontos fortes quanto as áreas que precisam de melhoria, além de entender o que os colaboradores realmente valorizam e como percebem a transformação para uma cultura de inovação. Para essa avaliação, podem-se utilizar métodos como pesquisas de clima, entrevistas individuais e grupos de discussão que capturem percepções gerais e experiências pessoais dos funcionários. O mais importante nesta fase é que a liderança crie um ambiente seguro e incentive o feedback honesto e transparente. A confiança é essencial para identificar verdadeiramente as lacunas culturais. Também existem excelentes consultorias que podem ajudar neste trabalho.

Passo 2: Definir o novo código de cultura

Com as lacunas identificadas no primeiro passo, deve-se definir um novo código de cultura que alinhe a organização. O Código de Cultura AI First pode servir como referência para escolher os valores e práticas mais relevantes para superar desafios específicos. As empresas devem adotar apenas os elementos que se alinhem às suas necessidades, mantendo os aspectos culturais que já funcionam e abordando o que está faltando. Assim, o novo código complementa e fortalece a cultura atual, incorporando elementos de inovação, centralidade no cliente e IA, enquanto preserva valores fundamentais, como ética e transparência.

Passo 3: Implementar e sustentar a mudança cultural

Com o novo código de cultura definido, o próximo passo é implementá-lo e sustentá-lo ao longo do tempo. Para tanto, sugiro algumas ações:

- Forme um Comitê de Cultura, com representantes de diferentes áreas, para monitorar e direcionar a implementação. Nomeie embaixadores culturais; colaboradores que promovam os novos valores e práticas.
- Integre o novo código nos processos organizacionais, como os de seleção, avaliação e promoção.
- Mantenha uma comunicação transparente, com os colaboradores informados sobre as mudanças, reforçando o compromisso com os valores fundamentais.Nas empresas mais inovadoras não é incomum observar CEOs falando sobre cultura e resultados semanalmente com toda a organização.
- Avalie continuamente de modo a monitorar a eficácia do novo código e fazer ajustes conforme necessário.

Passo 4: Capacitar e engajar os colaboradores

Para garantir uma transformação bem-sucedida e sustentável, é essencial capacitar e engajar os colaboradores, promovendo uma cultura de inovação e adaptabilidade.

- **Invista em treinamentos:** capacite os colaboradores com treinamentos em IA e habilidades digitais, promovendo uma mentalidade de inovação. Ao oferecer oportunidades de aprendizado, a empresa não só amplia as competências internas, mas também motiva as equipes a se tornarem agentes ativos de mudança.
- **Promova um engajamento ativo:** envolva os colaboradores em iniciativas que reflitam os novos valores e práticas da organização. Projetos colaborativos, *hackathons* e grupos de inovação são ótimos para incentivar o engajamento e reforçar o alinhamento com os objetivos estratégicos da empresa.

- **Reconheça e recompense:** valorize e reconheça as contribuições que demonstram compromisso com os novos valores, incentivando a continuidade dos comportamentos desejados. Seja por meio de incentivos financeiros, elogios públicos ou oportunidades de desenvolvimento de carreira, o reconhecimento ajuda a consolidar a cultura de inovação e a colaboração.

Transformando lições em ação

> *"Abrace a mudança como uma oportunidade para aprender, melhorar e fazer a diferença na vida dos outros, e também na sua própria. Tenha coragem para desafiar o statu quo."*
>
> **Rosabeth Moss Kanter,**
> **Professora da Harvard Business School**[39]

A história da Boeing nos mostra o o impacto que a cultura organizacional exerce no sucesso ou fracasso de uma empresa. Talvez, se a empresa tivesse mantido os pilares fortes de sua cultura original, alinhando a inovação aos seus valores centrais, os acidentes teriam sido evitados.

Essa reflexão nos leva à seguinte conclusão: a cultura é a gênese da inovação e a base sobre a qual construímos o futuro de nossas organizações.

Agora, considere a sua empresa. Sua resposta ao desafio de adotar tecnologias de inteligência artificial dependerá da cultura que você cultiva hoje. Como vimos, transformar-se em uma organização AI First não se resume a ter acesso a ferramentas ou tecnologias; é uma revolução na maneira como pensamos, agimos e inovamos. É uma jornada que exige coragem, visão e liderança – qualidades que impulsionam o verdadeiro progresso.

Uma cultura inovadora estimula a curiosidade, a colaboração e permite a experimentação responsável, reconhecendo que aprender com os desafios faz parte do processo. Como líder, você define o tom. Sua postura diante da

---

[39] ROSABETH Moss Kanter quotes. **AZ Quotes**, c2025. Disponível em: www.azquotes.com/author/7723-Rosabeth_Moss_Kanter?utm_source=chatgpt.com. Acesso em: 19 fev. 2025.

inovação influenciará toda a equipe. Demonstrar comprometimento com a transformação cultural inspirará as pessoas e criará um ambiente propício para a adoção da IA. Envolver todos no processo fortalece o esforço coletivo, e celebrar cada conquista motiva a continuidade do progresso.

O legado de uma empresa é moldado pelas decisões que toma. Qual será o da sua organização? Espero que ser lembrada não apenas por adotar novas tecnologias, mas por integrar inovação com propósito, mantendo seus princípios fundamentais no centro de tudo.

Por isso, inovar, mais do que nunca, é um exercício de liderança eficiente.

A CULTURA É A GÊNESE DA INOVAÇÃO E A BASE SOBRE A QUAL CONSTRUÍMOS O FUTURO DE NOSSAS ORGANIZAÇÕES.

IA PARA LÍDERES: DO CONCEITO À REALIDADE

07

Construção e gestão de equipe voltada para IA

A missão crítica de construir o time ideal

Era noite de véspera de Natal em Palo Alto. O ar fresco do inverno contrastava com o calor vindo da lareira a gás no meu quintal. Minha família aproveitava o momento, mas eu, um pouco afastado com uma taça de vinho na mão, me concentrava em algo que poderia moldar o futuro de um dos projetos mais importantes da minha carreira.

Eu liderava uma iniciativa de inovação com o potencial de transformar a empresa por completo, reportando com frequência ao presidente da divisão. Contávamos com o suporte de uma consultoria renomada e reunimos um time interno qualificado, mas identificamos a necessidade de mais talentos em tecnologia e inteligência artificial – áreas nas quais ainda não tínhamos pleno domínio.

O recrutamento de talentos em tecnologia é uma batalha constante. Encontrar o perfil certo requer tempo, paciência e o envolvimento de várias pessoas na organização. Naquela noite, eu conversava ao telefone com um candidato de alto nível, proveniente de uma de nossas maiores concorrentes e com experiência na tecnologia que buscávamos desenvolver. Esse candidato era muito forte, e convencê-lo a fazer a transição não era tarefa simples, demandava mais do que oferecer um ótimo salário. Era necessário vender a visão da empresa, sua missão e mostrar os benefícios para a carreira dele se topasse trabalhar conosco.

Atrair talentos excepcionais em IA exige métodos além dos tradicionais. Não há como esperar que o fluxo padrão de RH funcione quando se está disputando profissionais que, em questão de horas, podem receber ofertas mais atraentes e desaparecer do radar. Na prática, isso significa que o trabalho de convencimento não pode ser delegado. É essencial que os líderes do negócio estejam diretamente envolvidos, demonstrando urgência e dedicação, sem levar em conta dia, hora ou ocasião. Naquela véspera de Natal, isso ficou evidente para mim. O candidato topou o desafio depois de quase duas horas de conversa.

A lição aqui é simples: recrutar um talento de peso não se limita a oferecer um emprego. É preciso construir uma conexão, envolver-se pessoalmente e mostrar que sua dedicação reflete o valor que ele trará para a empresa. É um processo que requer presença direta e liderança.

Formando uma equipe de alta performance

Baseado em insights de líderes de grandes empresas de tecnologia, o guia a seguir serve como ponto de partida adaptável, reconhecendo que cada organização possui características únicas de alto desempenho. A chave está em integrar esses princípios à realidade de cada empresa, de modo a complementar as forças existentes para potencializar a inovação e a entrega de resultados consistentes.

Equilíbrio entre talentos internos e externos

A transformação real ocorre quando se combina a expertise técnica (ET) necessária com o conhecimento institucional (CI) da empresa. Como fazer IA sem ter pessoas suficientes que entendam de dados e machine learning, por exemplo? Difícil. Isso significa aliar skills trazidas por talentos externos à experiência e ao entendimento que o time atual possui do negócio e da organização. Esse equilíbrio é essencial para implantar IA.

Conexão com a missão e o propósito

Quando os integrantes da equipe entendem e acreditam no impacto do que estão criando, a motivação vai além de tarefas diárias – transforma-se em dedicação máxima e alto engajamento de longo prazo. Entrevistando o André Penha, CEO da IBBX e fundador da Quinto Andar, um dos unicórnios (empresa que valem mais de um bilhão de dólares) mais valiosos da América Latina, ele me disse: "O que faz um time ter alta performance é a conexão de seus membros com a missão e o propósito transformador de mundo da empresa. Eu passava muito tempo conversando e avaliando isso. Quando a empresa escalou e passamos de mil profissionais, o trabalho de formar gestores que incorporassem esse princípio foi vital para mantermos esse pilar cultural".

Inteligência coletiva

Ter um time composto apenas por superestrelas não garante o sucesso. É mais importante ter equipes nas quais a inteligência coletiva predomina e as habilidades e experiências de todos os membros são valorizadas e integradas. Pense em times esportivos recheados de talentos individuais que acabam derrotados por um time menor, mas muitíssimo coeso. O desempenho coletivo supera o individual quando há colaboração e sinergia entre os membros. É sempre oportuno enfatizar: o todo é maior que a soma das partes. O todo são as partes e a qualidade de suas relações.

Resiliência e capacidade de superar "anticorpos corporativos"

Implementar mudanças em grandes corporações é um imenso desafio. Com frequência, surgem obstáculos – conhecidos como "anticorpos corporativos" – que podem se manifestar como ceticismo por parte dos colaboradores ou por meio de processos burocráticos excessivos que entravam o avanço. A transformação com IA é um processo longo, e contratempos serão inevitáveis. Recuperar-se dos reveses, persistir diante das críticas e continuar evoluindo são elementos cruciais nessa jornada.

Accountability: muito mais que responsabilidade

Não há tradução exata para o português do termo *accountability*. Em termos de performance, significa que cada membro do time assume suas tarefas e se compromete com o impacto que seu trabalho terá no sucesso do grupo e da organização. Accountability se manifesta pelo comprometimento individual e coletivo com a entrega de resultados, pela proatividade em resolver problemas e pelo senso compartilhado de responsabilidade pelo sucesso ou fracasso.

Balanço entre EQ (inteligência emocional) e IQ (inteligência cognitiva)

O sucesso de uma equipe depende tanto da inteligência cognitiva (IQ) quanto da inteligência emocional (EQ). A IQ está primariamente relacionada às capacidades cognitivas, incluindo resolução de problemas, pensamento crítico e raciocínio lógico, além de abranger habilidades técnicas específicas. Por outro lado, a EQ envolve a capacidade de lidar com emoções, resolver conflitos e construir relacionamentos saudáveis. A combinação dessas duas inteligências permite que as equipes enfrentem desafios com eficiência e empatia. Um líder experiente do Vale do Silício, responsável por recrutar talentos para empresas de IA, comentou: "IQ é fácil de avaliar pelo histórico da pessoa. Já o EQ requer uma investigação mais profunda, incluindo observar as pessoas no trabalho, e fora dele, antes de fazer uma oferta".

Mais *doers* do que *thinkers*
Uma equipe de alta performance precisa balancear dois perfis: os *thinkers* (pensadores), que geram ideias e estratégias, e os *doers* (fazedores), que as colocam em prática. Embora pensamento crítico seja valioso, o que realmente importa é a capacidade de execução. Muitas equipes são julgadas pelas credenciais dos membros, mas o que define o sucesso é sair do *hype* e chegar ao ROI. No fim, é a execução que transforma talento em resultados concretos.

Os três passos para criar um time de alta performance para a missão IA
Agora que já definimos o que significa "alta performance" no contexto da IA, o próximo passo é entender como transformar essa visão em realidade. Esse processo começa com a definição dos cargos e posições-chave para estruturar a organização ideal, segue pelo mapeamento dos talentos internos para ocupar essas funções e, por fim, a estratégia de como atrair e desenvolver profissionais qualificados que elevem o nível da empresa em IA.

Definindo os principais cargos
O primeiro estágio é avaliar cuidadosamente quais são as posições estratégicas e táticas necessárias para impulsionar a iniciativa de IA. O foco recai sobre as responsabilidades, o impacto no negócio e a capacidade de acelerar a jornada rumo à excelência em IA. Dependendo do tamanho e orçamento da empresa, a estrutura pode variar, mas a lógica permanece: ter as funções certas é essencial para garantir a efetividade do programa de IA.

Cargos estratégicos

A designação de um Chief AI Officer (CAIO) ou líder focado em IA pode ser implementada de duas formas: como uma posição exclusiva que se reporta diretamente ao CEO, ou integrada à estrutura do CTO, com envolvimento direto do CEO e líderes de negócios na definição de prioridades. O CAIO é responsável por arquitetar soluções de IA, aplicá-las ao negócio, mensurar ganhos de produtividade e ajustar estratégias para garantir que a IA impulsione o crescimento e a eficiência da empresa.

Outro papel essencial é o de Chief Data Officer (CDO), responsável por gerenciar os ativos de dados da empresa e assegurar que sejam usados de maneira estratégica. O CDO geralmente se reporta ao CTO. Suas responsabilidades incluem o desenvolvimento da estratégia de dados, garantia de qualidade e segurança, promoção de uma cultura data-driven, supervisão da governança de dados, implementação de tecnologias para gestão e modernização da infraestrutura de dados, garantia de conformidade regulatória e identificação de oportunidades para monetização de dados.

Cargos táticos

Os cargos táticos conectam a visão estratégica à execução prática. Talvez muitos dos cargos a seguir existam na sua organização, mas, com a crescente importância da IA, é fundamental reavaliar esses papéis sob a perspectiva das novas demandas tecnológicas.

- **Gerente de produto de IA:** faz a ponte entre as equipes técnicas e as áreas de negócio, garantindo que soluções de IA atendam às necessidades dos clientes e impulsionem as metas estratégicas da empresa. É responsável por definir a visão do produto, criar um *roadmap* estratégico que priorize as funcionalidades mais relevantes e inovadoras, e comunicar essa visão com clareza a todas as partes interessadas. Seu papel é essencial para traduzir capacidades técnicas em valor de negócio, alinhando inovação em IA com objetivos organizacionais.
- **Arquiteto de soluções:** projeta a infraestrutura técnica necessária para suportar as iniciativas de IA. Caso haja essa posição na empresa, avalie a experiência do profissional com dados, IA e a compreensão

das particularidades de projetar soluções baseadas nessas tecnologias. Esses arquitetos devem garantir que, mesmo trabalhando em squads independentes, a empresa vai manter uma coerência central em relação a tecnologias críticas, como a utilização de um único data lake.

- **Engenheiro de IA/ML:** desenvolve e implementa os algoritmos de IA, com modelos escaláveis e eficazes. Caso esse papel ainda não esteja bem estabelecido na organização, busque no mercado profissionais que tragam essa expertise ou capacite engenheiros de software que já trabalhem na empresa. Esses engenheiros devem colaborar estreitamente com os arquitetos de soluções e os gerentes de produto.
- **Cientista de dados:** transforma grandes volumes de dados em insights acionáveis, desenvolvendo modelos preditivos que ajudam a orientar decisões estratégicas. Mesmo que os objetivos esperados dos diferentes projetos de IA variem, esses profissionais devem seguir diretrizes centralizadas para garantir coerência e eficiência no uso dos dados em toda a organização.
- **Analista de produtividade de IA:** também atua como ponte entre as equipes técnicas e as unidades de negócio, identificando oportunidades para melhorar a eficiência operacional, avaliando a viabilidade das implementações e alinhando essas iniciativas aos objetivos estratégicos da organização. Sua compreensão de como a IA pode otimizar processos facilita a adoção de novas tecnologias.
- **Gestor de mudança:** lidera a transição cultural e operacional da adoção de IA, minimizando resistência interna, alinhando equipes à estratégia e garantindo comunicação clara e engajamento em todos os níveis.

Ao concluir esse mapeamento, a organização passa a entender melhor as funções necessárias para alavancar a IA. No entanto, identificar quais cargos são essenciais é apenas o primeiro passo. O próximo desafio é qualificar as habilidades dos talentos internos e entender quais níveis de proficiência em IA existem dentro da empresa, bem como as lacunas a serem preenchidas.

Mapeando os talentos internos para a missão IA

Com as funções definidas, é hora de mapear os talentos. Quais cargos já existem e estão adequadamente preenchidos? Quais precisam ser criados ou reforçados? Quais lacunas devem ser supridas, considerando o orçamento e a urgência do plano de execução? Além disso, como desenvolver as pessoas já presentes na organização para que, do nível operacional ao estratégico, a equipe seja capaz de entregar resultados superiores?

Para organizar esse mapeamento, considere três níveis de proficiência em IA ao classificar seus talentos internos. Essa classificação não é uma avaliação de performance, mas sim de competência científica e técnica, fundamentais para aumentar a maturidade da IA na organização.

- **MVPs (*most valuable players*):** são os profissionais que já criaram técnicas e modelos proprietários de IA e têm muitas patentes associadas ao próprio nome. Frequentemente fazem o discurso de abertura em conferências e são formadores de outros MVPs. Eles participaram ou lideraram esforços em projetos transformadores com IA. Devido a essa combinação única de habilidades, impacto e reconhecimento, ter esses profissionais pode demandar oferecer salários dezenas de vezes acima da média do mercado.
- **Os EVPs (*emerging valuable players*, os melhores emergentes):** são muito reconhecidos tecnicamente. Embora ainda não tenham atingido os resultados e status dos MVPs, mostram grande potencial e são altamente valorizados por criarem soluções disruptivas usando modelos prontos de IA. Esses profissionais estão em crescimento, adaptando e personalizando soluções de IA, e são considerados futuros líderes no campo, com salários substancialmente acima da média do mercado. Os EVPs têm pelo menos uma patente concedida na área.
- **Players da IA:** são os profissionais da base, competentes em utilizar tecnologia disponíveis no mercado para resolver problemas operacionais e apoiar as atividades diárias. Não têm ainda as skills necessárias para criar um modelo proprietário de IA. Embora seus salários estejam mais alinhados com a média do mercado, eles desempenham um papel essencial nas operações básicas, com potencial de evolução para níveis mais altos com o desenvolvimento adequado.

Essa classificação orienta a empresa quanto a onde estão seus profissionais em termos de domínio da inteligência aritificial. Com isso, fica mais claro quem pode assumir posições mais complexas, quem precisa de treinamento para ascender ao próximo nível e em que área é necessário buscar talentos no mercado.

Eliminando os gargalos de talento para tornar-se AI First

Após mapear os gargalos de talento nos passos anteriores, existem três caminhos essenciais para avançar rumo a uma organização verdadeiramente AI First: atrair talentos externos, desenvolver internamente as equipes já existentes e reter os profissionais de alto desempenho.

Atraindo talentos externos

- *Acqui-hiring*: um termo que combina *hiring* (contratação) e *acquisition* (aquisição), é uma das estratégias mais eficazes para contratar talentos de alto nível em IA. Aqui, ao se comprar uma empresa, o foco não é apenas adquirir produtos ou serviços, mas trazer os talentos excepcionais que compõem a organização adquirida. São os inovadores de elite e visionários técnicos que dificilmente seriam atraídos por um simples anúncio de emprego, mesmo com compensações estratosféricas. Esses profissionais ocupam o topo da pirâmide de talento e são extremamente raros. O *acqui-hiring* permite integrar rapidamente esses *top talents*, acelerando a capacidade de inovação e execução da empresa compradora ao incorporar equipes já coesas e altamente qualificadas. A aquisição da Hyperplane pelo Nubank pode ser considerada um ótimo exemplo disso.

- **"Hackeando" o processo de recrutamento:** uma *hackathon* é uma maratona de inovação. O termo captura perfeitamente a natureza intensiva e colaborativa desses eventos. Tipicamente durando de vinte e quatro a quarenta e oito horas, uma *hackathon* reúne programadores, designers, empreendedores e outros especialistas em tecnologia para enfrentar desafios específicos ou criar produtos do zero. *Hackathons* evoluíram para ferramentas de recrutamento eficaz. Nesses eventos, empresas avaliam candidatos em ação, observando suas habilidades técnicas, criatividade e liderança em tempo real, e, muitas vezes, saem ofertas de emprego imediatas dali.

- **Parcerias com incubadoras, aceleradoras e startups:** esta é uma prática já muito adotada por diversas empresas, mas o sucesso dessas alianças não está simplesmente investimento financeiro. O segredo está na cocriação e no codesenvolvimento ativo. Imagine sua empresa não apenas identificando startups promissoras, mas participando diretamente no processo de incubação, moldando soluções alinhadas às suas necessidades estratégicas. Isso permite que sua empresa tenha acesso e influência sobre inovações disruptivas desde suas fases iniciais. Percebe como é uma vantagem competitiva? Você não apenas acompanha as tendências do mercado, mas ajuda a defini-las.

Desenvolvendo internamente

Não basta depender de contratações externa e esperar que os colaboradores evoluam por conta própria. É essencial criar um ambiente onde o aprendizado contínuo, além de inegociável, seja parte da cultura organizacional. Vincular o desenvolvimento dos profissionais a incentivos, como a remuneração variável, é uma estratégia eficaz. Pensando nisso, a empresa pode:

- **Aplicar o *future-proof* dos colaboradores**

    À medida que sua empresa investe na busca por talentos externos no curto prazo, o *future-proof* dos colaboradores internos contribui para reduzir essa dependência ao longo do tempo. *Future-proof* é um conceito que se refere à capacidade de preparar algo – ou alguém – para enfrentar desafios futuros, garantindo que habilidades e conhecimentos permaneçam valiosos em um cenário em constante mudança.

    Essa preparação para o futuro envolve duas abordagens principais: o aprimoramento de habilidades existentes (*upskilling*) e a requalificação para novas funções (*reskilling*). O *upskilling* foca o desenvolvimento de novas competências, especialmente em tecnologias emergentes, enquanto o *reskilling* prepara os funcionários para assumir papéis completamente diferentes dentro da organização. A eficácia desse processo está na personalização dos programas de desenvolvimento. Cada empresa possui necessidades únicas, e os programas de treinamento devem refletir isso. Isso pode incluir desde cursos curtos e certificações até programas de pós-graduação em áreas como negócios, tecnologia, dados e inteligência artificial. A implementação desses programas pode ser feita por meio de parcerias com universidades, programas de mentoria internos e externos e a criação de certificações personalizadas. O aprendizado contínuo deve integrar-se naturalmente ao cotidiano da empresa, pois é na união entre teoria e prática que os melhores resultados são alcançados.

- **Criar parcerias acadêmicas, *AI research labs* e hubs de inovação**
  - Parcerias acadêmicas abrem portas para conhecimento de ponta e talentos científicos excepcionais. Ao financiar bolsas de pós-graduação alinhadas com suas estratégias, as organizações incorporam habilidades técnicas avançadas de forma direta. Essa abordagem enriquece o *pool* de talentos e cria um *pipeline* de potenciais contratações futuras, com pesquisadores já familiarizados com a cultura corporativa. Do lado acadêmico, os pesquisadores ganham a oportunidade de aplicar seus conhecimentos teóricos a problemas reais relevantes do mercado. No entanto, o sucesso dessas parcerias requer objetivos claros e mensuráveis, criação de protocolos robustos para lidar com questões de propriedade intelectual e manutenção de canais de comunicação eficientes entre as equipes acadêmicas e corporativas. Lembre-se do papel da Universidade de Stanford com as grandes empresas de tecnologia no Vale do Silício, como um motivador para se investir nesta tipo de iniciativa.
  - *AI research labs* são núcleos de pesquisa e inovação tecnológica apostando em projetos "moonshot", termo que se refere à missão Apollo de levar o homem à Lua. Esses projetos buscam soluções revolucionárias para grandes desafios, muitas vezes considerados impossíveis inicialmente. A estrutura desses labs combina pesquisadores dedicados, funcionários em regime de meio período buscando desenvolvimento, e acadêmicos colaboradores – uma diversidade de talentos e históricos cria um ecossistema único, propício a inovações que vão além das demandas do mercado. Muitas dessas iniciativas podem ser financiadas por órgãos

governamentais, o que cria um benefício substancial para as empresas. A imersão em ecossistemas de inovação, como o Vale do Silício, oferece uma oportunidade única para acelerar a formação de seus talentos. Lembre-se, é lá que estão cerca de 33 das 50 startups de IA mais bem colocadas na lista da Forbes.[40] Ao estabelecer um pequeno escritório na região, ou mesmo enviar o time para imersões de desenvolvimento de curta duração, sua empresa pode proporcionar aos colaboradores a chance de conviver e aprender com empreendedores visionários e vários dos maiores em IA que residem na área.

---

[40] CAI, K. AI 50. **Forbes**, 11 abr. 2024. Disponível em: www.forbes.com/lists/ai50/?utm_source=chatgpt.com. Acesso em: 19 fev. 2025.

É A EXECUÇÃO QUE TRANSFORMA TALENTO EM RESULTADOS CONCRETOS.

IA PARA LÍDERES: DO CONCEITO À REALIDADE

Retendo talentos

A retenção deve ser vista como um processo contínuo de valorização do capital humano, transformando-o em um ativo de crescimento constante, impulsionado pelo impacto gerado por esses talentos. Isso pode ser mensurado por meio de métricas como o Faturamento por Headcount (FHC) e o Market Cap por Headcount (MCH), dos quais trataremos mais à frente. O objetivo é maximizar o retorno sobre o investimento em pessoas e inovação, assegurando que esses profissionais estejam motivados a permanecer e crescer dentro da organização.

Essa jornada funciona como um "pipeline de talento" (veja gráfico a seguir), em que os profissionais representam o input inicial. Durante essa trajetória, os investimentos da empresa em desenvolvimento e capacitação criam oportunidades para que esses talentos evoluam, agreguem mais valor e avancem para posições mais estratégicas, formando, assim, um círculo virtuoso. Esse é o output ideal.

Por outro lado, o segundo output – a saída para o mercado – apresenta duas faces: representa uma perda quando envolve os melhores profissionais e a retenção falha, mas pode ser benéfico quando se refere a colaboradores com baixo desempenho, permitindo que a organização mantenha um time alinhado e de alta performance.

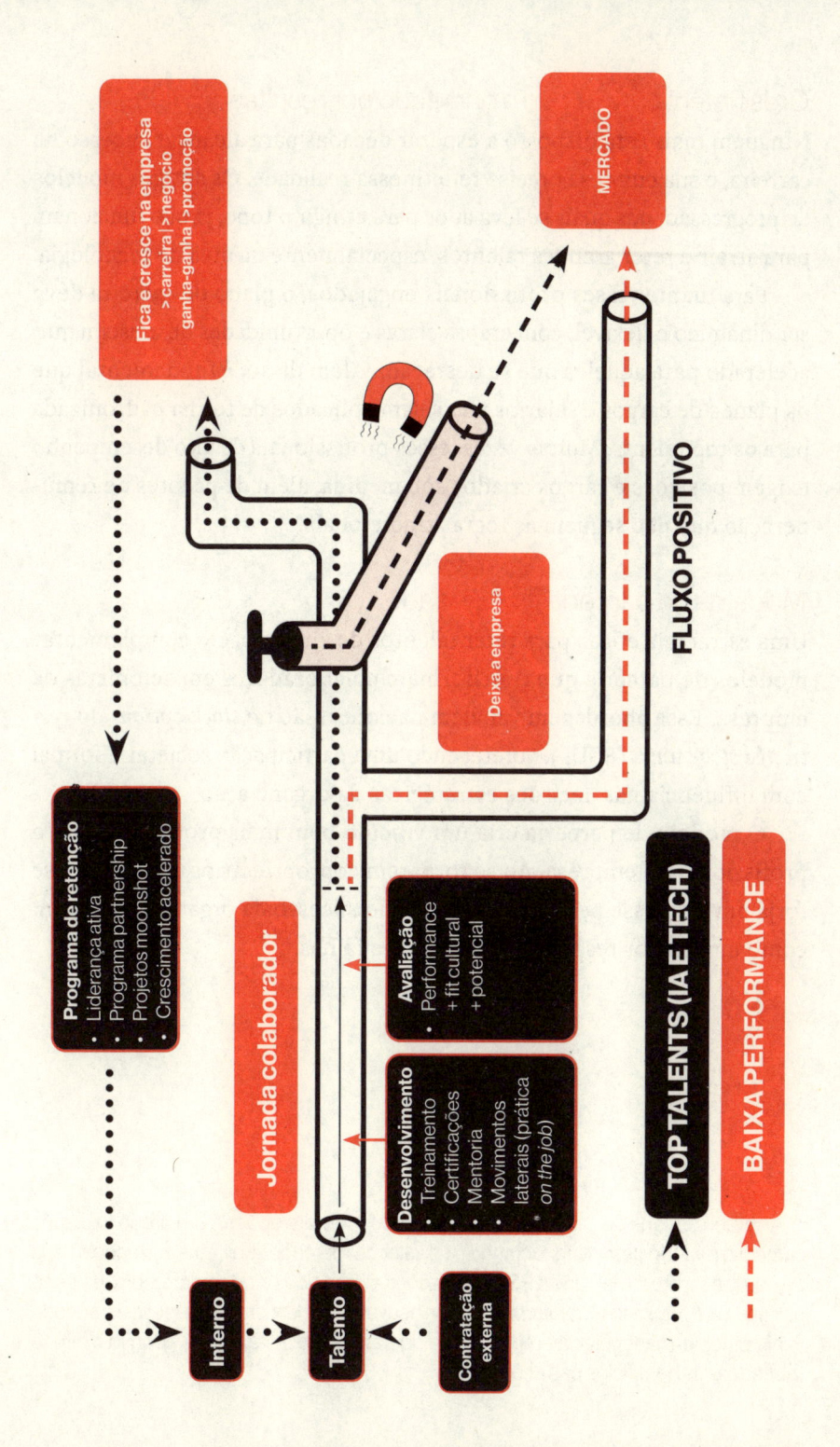

Fica e cresce na empresa
> carreira | > negócio
ganha-ganha | >promoção

MERCADO

FLUXO POSITIVO

Deixa a empresa

Programa de retenção
- Liderança ativa
- Programa partnership
- Projetos moonshot
- Crescimento acelerado

Jornada colaborador

Avaliação
Performance
+ fit cultural
+ potencial

Desenvolvimento
- Treinamento
- Certificações
- Mentoria
- Movimentos laterais (prática *on the job*)

TOP TALENTS (IA E TECH)

BAIXA PERFORMANCE

Interno → Talento ← Contratação externa

Construção e gestão de equipe voltada para IA   **113**

Crescimento acelerado e orientado por resultados

Ninguém mais está disposto a esperar décadas para alcançar sucesso na carreira, e sua empresa precisa refletir essa realidade. Os antigos modelos de progressão, nos quais se leva anos para atingir o topo, já não funcionam para atrair e reter grandes talentos, especialmente na área de tecnologia.

Para manter esses profissionais engajados, o plano de carreira deve ser dinâmico e flexível, com etapas claras e oportunidades de crescimento acelerado para aqueles que se destacam. Além disso, é fundamental que os planos de cargos e salários não sejam aplicados de forma padronizada para os top talents. Muitas vezes, esses profissionais de alto desempenho exigem posições e cargos criados sob medida, além de pacotes de remuneração que não seguem as regras tradicionais.

Modelos de parceria e sociedade

Uma estratégia eficaz para reter talentos de alto impacto é implementar modelos de parceria que transformam colaboradores em acionistas da empresa. Essa abordagem vai além da concessão de *stock options* ou *restricted stock units* (RSUs),[41] oferecendo uma participação societária formal com influência nas decisões estratégicas da organização.

O modelo de parceria cria um vínculo bem mais profundo entre o profissional e a empresa. Ao se tornarem coproprietários do negócio, se forja um interesse pessoal bem maior no sucesso da organização, assim como uma maior responsabilidade pelas falhas.

---

[41] As stock options permitem que o colaborador compre ações a um preço fixo após cumprir o período de vesting, lucrando se o valor de mercado subir, mas correndo o risco de perda se o preço cair. Já as RSUs são ações concedidas diretamente, com restrição de venda até o vesting, garantindo ganho se houver valor de mercado. Vesting é o período mínimo de permanência na empresa exigido para que o colaborador adquira o direito total sobre os benefícios das ações.

Crescimento e reconhecimento pessoal: valorização constante

Investir em planos de desenvolvimento contínuo não se resume somente a treinamentos. Inclui participação em conferências, em muitos casos como palestrante, publicações acadêmicas e envolvimento em eventos do setor. Isso faz os profissionais em tecnologia se sentirem valorizados e motivados a crescer dentro da organização. Invista em patentes de modo que seus talentos possam ter o nome associado a algo grande e reconhecido. É bom para eles e ótimo para a empresa, pois protegerá a propriedade intelectual.

Employer branding

O reposicionamento da marca empregadora, com ênfase no compromisso com a inovação e a transformação digital, é fator decisivo para atração e retenção de talentos. Em entrevista para este livro, Thiago Cardoso, fundador da startup Hekima, adquirida pelo iFood, onde hoje atua como diretor de dados e IA, afirmou que contar a trajetória de transformação da empresa e destacar "as oportunidades únicas disponíveis, como acesso a grandes volumes de dados e desafios específicos do setor, pode ser especialmente atraente para profissionais de IA". Permita que sua cultura de inovação, quando bem consolidada, torne-se o alicerce principal de sua marca no mercado.

As pessoas nasceram para brilhar e, mesmo que não admitam, no fundo apreciarão quando você usar sua influência para reconhecê-las e abrir portas nas quais elas nunca ousaram bater, mas sempre sonharam cruzar. Mostre o poder de sua liderança na competição pelos melhores talentos. Espero que não seja na véspera de Natal, mas, se for, considere essa iniciativa como um presente valioso para si mesmo. Afinal, gente boa, os A players, tornam seu trabalho mais fácil e, de quebra, atraem mais A+ players para sua organização. Gente média, ou B players, atrai mais B players ou mesmo os C players. Dedique sua melhor versão e máximo empenho para esse jogo.

Chegou o momento de implementar a metodologia que transformará sua empresa em AI First. Com a base cultural estabelecida, profissionais capacitados e uma visão clara, você está preparado para liderar – não apenas acompanhar – a transformação da IA de que sua organização precisa. Esta é sua oportunidade de moldar o futuro, inspirar sua equipe e impulsionar sua trajetória profissional.

MOSTRE O PODER DE SUA LIDERANÇA NA COMPETIÇÃO PELOS MELHORES TALENTOS.

IA PARA LÍDERES: DO CONCEITO À REALIDADE

08

PATX: a metodologia de implementação da IA

A transformação digital, embora seja um tema amplamente discutido, raramente atinge todo o seu potencial nas organizações. De acordo com uma pesquisa da McKinsey, somente 16% dos entrevistados reportaram melhorias efetivas na performance da empresa após iniciativas digitais.[42] Por que isso acontece? Quantas empresas investem milhões em sistemas sofisticados, mas após algumas semanas os funcionários voltam para as planilhas no Excel? Quantas organizações de fato conseguem operar vendas de maneira totalmente integrada, usando apenas um CRM?

Esses exemplos não são exceções, mas reflexos de um problema comum: a ausência de uma abordagem estruturada que alinhe todos os fatores essenciais antes da implementação. Transformação não se trata apenas de tecnologia, envolve também pessoas, processos e cultura.

No Pilar 1, exploramos a Fundação IA, estabelecendo as bases para preparar uma organização para o sucesso com IA. Desmistificamos conceitos com o ABC da IA, destacamos a importância da cultura organizacional e enfatizamos a necessidade de equipes capacitadas para conduzir a transformação. Agora, no Pilar 2, avançamos para a implementação estruturada da IA.

E é neste pilar que entra a Metodologia PATX, uma ferramenta que sistematiza as etapas da transformação com IA com clareza e eficiência. Em minha experiência colaborando com consultorias globais, incluindo as Big 3 ou MBBs,[43]

---

[42] UNLOCKING Success in Digital Transformations. **McKinsey & Company**, 29 out. 2018. Disponível em: www.mckinsey.com/capabilities/people-and-organizational-performance/our-insights/unlocking-success-in-digital-transformations. Acesso em: 22 jan. 2025.

[43] O termo MBB refere-se às três empresas de consultoria de gestão mais prestigiadas: McKinsey & Company, Boston Consulting Group (BCG) e Bain & Company. Essas firmas são renomadas por sua expertise em fornecer aconselhamento estratégico às principais corporações em todo o mundo.

aprendi o valor dos frameworks e das metodologias como instrumentos de ajuda na definição de problemas, formulação de possíveis causas e estabelecimento de soluções práticas. Frameworks não apenas indicam o ponto de partida, mas previnem desperdícios de recursos e tempo. A Metodologia PATX, assim, emerge dessa experiência como um guia para integração da IA com propósito e resultados mensuráveis.

O PATX começa com os 3Ps da IA (Produtos, Processos e Problemas de Negócio), áreas em que a tecnologia pode trazer maior impacto e retorno. Em seguida, evolui para a construção da Arquitetura (A), que sustenta tecnicamente as iniciativas. A Transformação (T) é a execução prática, ajustando soluções ao ambiente real da empresa. Por fim, o X da IA é o momento que, após várias transformações bem sucedidas, gera impactos multiplicadores nos negócios, gerando um ciclo de inovação e impacto escalável.

Vamos explorar cada um desses elementos, mostrando como funcionam em sincronia para garantir que a transformação com IA não seja meramente uma promessa, mas sim um sucesso comprovado.

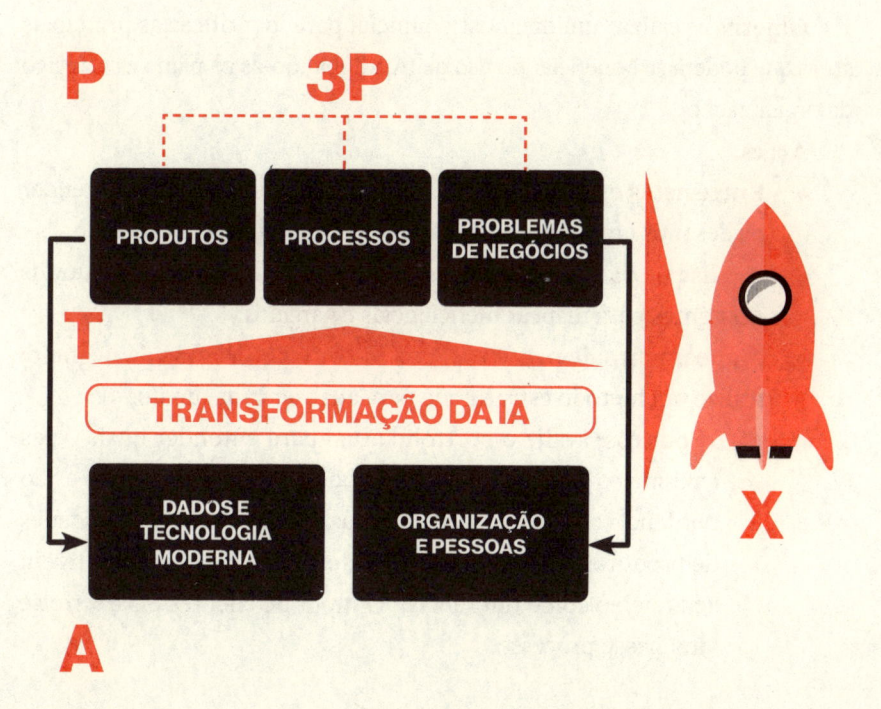

P   **3P**

- PRODUTOS
- PROCESSOS
- PROBLEMAS DE NEGÓCIOS

T — TRANSFORMAÇÃO DA IA

- DADOS E TECNOLOGIA MODERNA
- ORGANIZAÇÃO E PESSOAS

A

X

Onde aplicar inteligência artificial: os 3Ps – Produtos, Processos e Problemas

Os 3Ps — Produto, Processo e Problemas de Negócio — representam áreas críticas para a maximização do impacto da inteligência artificial em uma empresa. Cada um deles requer tecnologias, competências e investimentos específicos, gerando diferentes retornos e influenciando a estratégia de crescimento e eficiência. Identificar onde a IA gerará mais valor é essencial para garantir resultados sustentáveis e evitar esforços dispersos.

Ao identificar os 3Ps, é muito importante não tentar "reinventar a roda". A implementação dos 3Ps deve partir do planejamento estratégico existente, no qual objetivos prioritários e desafios imediatos já estão estabelecidos. O foco deve concentrar-se em identificar os pontos estratégicos onde a IA apresenta maior potencial de aplicação, considerando também o investimento necessário e o retorno esperado. Essa abordagem facilita o alinhamento organizacional, otimiza investimentos em tecnologia e fortalece o apoio executivo.

Passo a passo da seleção dos 3Ps para aplicar IA

1. Diagnosticar os principais desafios e oportunidades

Objetivo: realizar um diagnóstico inicial para identificar as principais áreas que podem se beneficiar do uso de IA, alinhando-as ao plano estratégico da organização.

Ações:
- **Entrevistas e workshops:** envolva líderes e equipes para entender os desafios em produtos, processos e problemas de negócio.
- **Análise de dados e relatórios:** utilize dados históricos e relatórios existentes para mapear ineficiências e gargalos.
- **Mapeamento de produtos, processos e problemas de negócio:** utilize um método estruturado para analisar cada um dos 3Ps:
  - **Produtos:** avalie o portfólio atual para entender quais deles (mesmo os líderes de mercado) podem ser inovados, quais estão perdendo competitividade e as razões. Explore oportunidades de produtos e serviços que já podem nascer carregando IA em seu núcleo como diferencial. O input de clientes e parceiros é vital nesse processo.

- **Processos:** mapeie processos que apresentam altos custos e ineficiências ou nos quais haja oportunidades de automação.
- **Problemas de negócio:** identifique desafios estratégicos que impactem diretamente o desempenho, como riscos, queda de receita ou problemas de compliance. Aqueles nos quais seus *stakeholders* (investidores e conselho, por exemplo) estão diretamente envolvidos e pressionando por resolução.

Resultado esperado: mapeamento inicial dos principais pontos de dor e oportunidades de melhoria nos 3Ps, respaldado por um plano de investimentos e patrocínio executivo para a execução das iniciativas.

2. Definir o impacto operacional das iniciativas de IA

Objetivo: avaliar qual efeito cada iniciativa deve gerar para o negócio.
Ações:

- **Impacto em produto:** espere aceleração de inovação, aumento de competitividade e maior geração de valor para os clientes. A IA pode ajudar a criar ofertas mais personalizadas, desenvolver novos produtos mais rapidamente e aprimorar a experiência com funcionalidades diferenciadas.
- **Impacto nos processos:** o foco deve ser a automação e a eficiência operacional. Iniciativas nessa área eliminam gargalos e aumentam a produtividade, tornando atividades manuais e repetitivas mais eficientes.
- **Impacto na resolução de problemas:** o objetivo aqui é acelerar o tempo de resolução de desafios críticos e oferecer a capacidade de detecção proativa de novos problemas, como falhas operacionais ou riscos de compliance. O esperado é que a tecnologia agilize o tempo de resposta em situações que exijam intervenções imediatas e, assim, evitar novos problemas.

Resultado esperado: lista de iniciativas priorizadas por impacto financeiro, experiência do cliente e competitividade estratégica.

3. Quantificar os resultados esperados e definir KPIs

Objetivo: mensurar os ganhos esperados de cada iniciativa e definir KPIs para acompanhamento e tomada de decisão.

Ações:
- **Projeção de resultados:** estime os ganhos potenciais em termos de receita, aumento de produtividade, redução de custos e riscos operacionais.
- **Definição de KPIs estratégicos:** estabeleça indicadores alinhados aos objetivos corporativos (ROI, incremento de receita, FHC, MCH, que abordaremos em detalhes no Pilar 3).
- **Avaliação de viabilidade técnica:** certifique-se de que a empresa possui capacidade técnica e dados de qualidade para implementar as soluções de IA. Caso contrário, considere investir em recursos e treinamento.

Resultado esperado: KPIs e projeções financeiras definidos para embasar a priorização e acompanhar o progresso de cada iniciativa.

4. Priorizar iniciativas com maior potencial de retorno

Objetivo: focar iniciativas de IA que trarão maior impacto no curto e médio prazos e criar um plano de execução.

Ações:
- **Matriz de prioridade (impacto x viabilidade):** classifique as iniciativas com base em impacto e viabilidade.
- **Foco em resultados de curto e longo prazo:** priorize um portfólio balanceado de iniciativas que possam gerar resultados rápidos e tangíveis no curto prazo, mas sem deixar de lado projetos de grande impacto e potencial que, embora levem mais tempo para maturar, são fundamentais para a transformação requerida e crescimento.

Resultado esperado: *roadmap* de implementação com as etapas para execução das iniciativas priorizadas e responsáveis, focando ganhos financeiros e operacionais no curto e longo prazo.

Muitas empresas já estão executando cada um desses passos em suas rotinas de gestão e, assim, começando a transformação com foco em IA.

Arquitetura (A)

A arquitetura para implementar IA de modo ágil e eficiente consiste em dois pontos essenciais: a tecnologia e a arquitetura organizacional.

Antes de tudo, é preciso contar com uma infraestrutura tecnológica robusta e escalável. Isso inclui ferramentas modernas para gestão de dados, como data lakes e data warehouses, que assegurem acesso eficiente e seguro às informações necessárias para alimentar os modelos de inteligência artificial. Além disso, é essencial adotar plataformas de processamento de IA que suportem modelos avançados, garantindo velocidade e precisão na análise de grandes volumes de dados. A integração de sistemas é igualmente importante, conectando soluções de IA aos sistemas legados e às operações existentes para criar um fluxo contínuo de informações entre diferentes áreas da organização.

No entanto, a tecnologia só se torna eficaz quando apoiada por uma arquitetura organizacional bem definida, que alinha estruturas, processos e equipes. A arquitetura organizacional começa com uma governança clara, em que papéis e responsabilidades são formalmente estabelecidos. Um comitê ou centro de excelência (CoE) de IA pode atuar como um hub estratégico, coordenando iniciativas, promovendo alinhamento e garantindo que todas as ações estejam conectadas aos objetivos corporativos.

Outra necessidade é a formação de equipes multidisciplinares, como discutimos no capítulo 7. É aqui que se organiza a empresa e as equipes em um modelo que viabiliza iniciativas de IA de maneira coordenada. Essas equipes devem ser capacitadas para trabalhar de maneira ágil e iterativa, com ciclos rápidos de planejamento, execução e ajustes. Metodologias como Scrum[44]

---

[44] Scrum é um framework ágil baseado em ciclos curtos chamados *sprints*, que organizam o trabalho em etapas planejadas, geralmente de 1 a 4 semanas. Com papéis bem definidos, como *scrum master*, *product owner* e time de desenvolvimento, ele promove entregas incrementais e aprendizado contínuo através de rituais como *daily meetings*, revisões e retrospectivas.

ou Kanban[45] são úteis para acelerar a implementação e garantir que as soluções atendam às demandas reais do negócio.

Por fim, a integração organizacional assegura que a IA não seja tratada como uma iniciativa isolada, mas como elemento central do ecossistema da empresa. Isso envolve quebrar barreiras entre departamentos, promover colaboração e alinhamento estratégico. Além de garantir que as soluções de IA estejam conectadas às operações do dia a dia e aos objetivos corporativos.

Essa abordagem integrada entre infraestrutura tecnológica robusta e arquitetura organizacional ágil e eficiente constrói uma base sólida para a implementação de IA em larga escala, e é o que permite transformar a IA em um motor estratégico de crescimento e inovação.

Transformação (T)

É nesse estágio que as estratégias de inteligência artificial saem do papel e passam a ser aplicadas na prática. Nesse momento, os modelos de IA são desenvolvidos, implementados e ajustados para gerar impacto no dia a dia da empresa. É importante aqui sempre manter o foco em resultados mensuráveis e sustentáveis.

O processo começa com o desenvolvimento de modelos personalizados para atender às necessidades da empresa, com base em dados bem estruturados e objetivos traçados de modo claro. Esses modelos devem passar por testes rápidos em pequena escala, simulando condições reais de operação. Com essa abordagem – de testar, aprender e refinar –, é possível validar a eficácia da solução antes de expandi-la, o que minimiza riscos e otimiza recursos.

Uma vez validados, os modelos entram na etapa de implementação, na qual se integram aos processos existentes da organização. Por exemplo, um modelo de IA para prever demanda precisa estar conectado aos sistemas de logística e estoque, criando uma cadeia de valor eficiente e automatizada.

---

[45] Kanban é um método ágil focado na visualização do fluxo de trabalho por meio de um quadro com colunas que representam etapas, como *to do*, *doing* e *done*. Com foco em fluxo contínuo e limites de trabalho em progresso (*WIP*), o Kanban é flexível, adaptando-se a mudanças rápidas e promovendo entregas constantes e melhoria contínua.

Essa integração é crucial para garantir que a tecnologia aplicada realmente amplie os benefícios no dia a dia da empresa.

A transformação também é um processo contínuo, que demanda avaliação e refinamento constantes. Em IA, o aprendizado permanente é um diferencial estratégico essencial. Cada nova interação traz dados e insights valiosos, possibilitando o ajuste das soluções às dinâmicas do ambiente de negócios. Esse ciclo de aperfeiçoamento assegura resultados escaláveis e sustentáveis.

Para ser bem-sucedida, porém, a transformação requer condições prévias essenciais, incluindo:

- **Equipes capacitadas:** pessoas treinadas para entender, operar e ajustar as soluções.
- **Cultura organizacional alinhada:** uma mentalidade que valorize inovação, colaboração e aprendizado.
- **Base de dados bem estruturada:** informações organizadas e acessíveis para alimentar os modelos de IA.
- **Áreas prioritárias claramente definidas:** foco nos produtos, processos e problemas de maior impacto.

Esses elementos, apresentados previamente, constituem a base sólida necessária para uma transformação efetiva. Sem eles, qualquer tentativa de implementar IA corre o risco de ser fragmentada ou ineficaz. É por esse motivo que, na estratégia PATX, a transformação vem depois de esses fatores já terem sido trabalhados.

Isso, claro, não impede que se comece o processo de transformação em pequena escala, com projetos-piloto que validem o impacto antes de impulsionar a escala, seguindo a sequência: testar, aprender, refinar, mensurar resultados e escalar.

Perceba: os pilares da metodologia PATX podem ser trabalhados em paralelo, mas todos os elementos essenciais devem estar solidamente presentes para que a transformação aconteça de forma eficaz.

X da IA: multiplicador de impacto

O "X da IA" representa o momento em que a tecnologia se torna parte essencial das operações e estratégias de uma organização, gerando resultados exponenciais. Nesse estágio, as iniciativas tecnológicas em diferentes áreas começam a se conectar e se amplificar, criando um efeito composto em que os benefícios superam e muito as expectativas iniciais.

Esse efeito torna-se evidente quando avanços em uma área fortalecem outras. Por exemplo, ao aumentar a produtividade em vendas por meio da IA, a empresa não apenas eleva suas taxas de conversão, mas também gera dados mais ricos sobre o comportamento dos clientes. Esses dados podem ser utilizados para aprimorar o atendimento ao cliente, permitindo maior personalização e satisfação. Um atendimento mais eficaz, por sua vez, reduz o volume de reclamações e aprimora a eficiência operacional, impactando positivamente toda a cadeia de operações.

Um dos principais aspectos da fase "X da IA" é o *flywheel* do negócio. À medida que a organização implementa mais soluções tecnológicas, o impacto se retroalimenta. Cada novo projeto aproveita os dados e modelos existentes, acelerando a inovação e reduzindo os custos de implementação. As ferramentas tornam-se escaláveis e reutilizáveis, permitindo que novos projetos aproveitem infraestruturas e dados existentes, o que acelera a implementação e reduz custos. Além disso, a organização começa a gerar inovações constantes, antecipando as necessidades do mercado.

Nesse contexto, copilotos digitais e agentes desempenham papéis fundamentais. Copilotos atuam como assistentes inteligentes em diversas funções, ajudando vendedores a priorizar leads, operadores logísticos a planejar rotas mais eficientes e gestores financeiros a identificar padrões críticos nos dados. Agentes automatizados complementam essa integração ao realizar tarefas repetitivas, como fornecer respostas rápidas no atendimento ao cliente ou monitorar o compliance, liberando as equipes para focar as atividades estratégicas. Essa atuação integrada entre diferentes áreas – vendas, logística, finanças, recursos humanos e atendimento – cria sinergias que amplificam o impacto em toda a organização.

Assim, tenha em mente que alcançar o "X da IA" não é apenas uma meta, mas uma jornada que transforma a essência da empresa.

Agora que você tem o PATX como guia, sua organização pode transformar desafios em oportunidades, impulsionar a inovação contínua e alcançar um crescimento escalável e eficiente. A IA deixou de ser um conceito distante, tornou-se o motor estratégico que vai impulsionar sua empresa rumo ao futuro. Continuemos juntos nessa jornada!

TRANSFORMAÇÃO NÃO SE TRATA APENAS DE TECNOLOGIA, ENVOLVE TAMBÉM PESSOAS, PROCESSOS E CULTURA.

IA PARA LÍDERES: DO CONCEITO À REALIDADE

09

A jornada de uma empresa para se tornar AI First

Sexta-feira, fim de tarde. Uma semana intensa de reuniões de negócios chega ao fim, e você embarca no voo de volta para casa, com a mente fervilhando de novas ideias. O ritual já lhe é familiar: acomodar-se no assento, apertar o cinto e ganhar os céus. Trinta minutos após a decolagem, com o avião já em altitude de cruzeiro, você desbloqueia o celular e busca algo para ler. Escolhe um artigo sobre uma empresa e seus resultados de inovação.

Os primeiros números saltam da tela! Cada um mais impressionante que o outro: um grupo com mais de 150 modelos proprietários de IA, um impacto mensal positivo de 30% no EBITDA graças à IA. Catorze bilhões – sim, bilhões – de predições de negócios geradas em tempo real a cada mês. Dezesseis petabytes de dados – algo equivalente a duzentos mil filmes de alta resolução – armazenados em um data lake robusto. E o detalhe mais surpreendente: em 2019, mais da metade dos funcionários já possuía certificação em dados e analytics.

Na hora, você pensa: *Ah, só pode ser mais um unicórnio do Vale do Silício, China ou Israel.*

Bem, pensou errado.

Bem-vindo ao mundo do iFood, um colosso que emergiu nas ruas agitadas de São Paulo e, em poucos anos, se transformou em líder de mercado na América Latina. Um *benchmark* global de como a IA pode revolucionar negócios, otimizar processos e gerar valor de maneira exponencial.

Para entender essa história, precisamos voltar a uma sala de reuniões da editora Gente, antes de esta obra ser concluída, alguns meses após a viagem de volta pra casa. Foi lá que me encontrei com Rosely, uma das mais renomadas publishers do Brasil, para discutir a ideia central deste livro.

"Há alguém que você precisa conhecer", me disse Rosely, com seu tom envolvente e peculiar. "A sua visão de IA é muito compatível com a dele – visão de mundo, estilo de liderança, tudo."

Ela falava de Diego Barreto, CEO do iFood. Eu já conhecia parte da história de sucesso por intermédio do Eduardo Henrique, um dos cofundadores da Movile – controladora do iFood – junto com Fabricio Bloisi, que precedeu Diego como CEO e se tornou um dos nomes mais influentes em tecnologia no mundo.

Em menos de uma semana depois, Diego, Rosely e eu conversamos. "Existe muita superficialidade ao redor do tema de IA no Brasil", disse Diego. "Muitos executivos ainda estão perdidos quanto à maneira correta de implantar IA em grande escala. Vejo muitas empresas fanáticas por IA, mas com estratégias fracas para a organização de seus dados. Estamos no limiar de uma revolução de IA no país, enquanto muitas empresas ainda estão tateando o terreno, nós mergulhamos de cabeça. Não se trata apenas de ter modelos de IA, mas de transformar o modo como operamos, fazemos negócios e criamos valor."

E eu compartilho dessa visão. Não à toa, desenvolvi a metodologia PATX visando ajudar aquelas empresas que ainda estão à deriva quando o assunto é IA. No entanto, estava difícil encontrar um case brasileiro que refletisse toda a robustez do método. E, após a conversa com o Diego, concluímos que o iFood seria um caso exemplar. Embora a empresa não tenha aplicado diretamente a metodologia, sua trajetória ilustra como os princípios que proponho se alinham às práticas bem-sucedidas de transformação orientada por IA. Essa análise reforça que, além de ter origem em práticas globais de sucesso, a metodologia PATX também é perfeitamente aplicável ao ecossistema empresarial brasileiro.

O crescimento do iFood e seus desafios operacionais

Acredito que a maioria aqui esteja familiarizada com o iFood e a experiência de usar seus serviços. Mas você conhece a história deles? Vamos lá, então. Para entender por que se tornou estratégico para a empresa adotar um modelo AI First, precisamos conhecê-la bem.

Fundado em 2011 por Patrick Sigrist, Eduardo Baer, Guilherme Bonifácio e Felipe Fioravante, o iFood começou como o Disk Cook, um guia impresso de cardápios que permitia aos clientes realizarem pedidos por telefone.[46] Rapidamente, a empresa se reinventou e, em 2012, lançou seu site e aplicativos móveis, tornando-se pioneira no modelo de delivery on-line. Com o apoio estratégico da Movile, que se tornou acionista majoritária em 2013, o iFood iniciou uma trajetória de crescimento acelerado, marcada por fusões, aquisições e inovações tecnológicas.

Hoje, o iFood é líder no setor de delivery on-line na América Latina, com operações em mais de 1,7 mil cidades brasileiras, mais de 400 mil estabelecimentos parceiros e 350 mil entregadores ativos. A empresa realiza mais de 115 milhões de pedidos por mês, atendendo a uma base de 60 milhões de consumidores ativos por ano.

Em 2023, as atividades do iFood movimentaram R$ 110,7 bilhões, representando 0,55% do PIB brasileiro. Esses números refletem o efeito multiplicador do iFood na economia, impactando setores como restaurantes, entregadores, agricultura, pecuária, comércio e tecnologia. Para cada R$ 1 mil gastos na plataforma, R$ 1.390 adicionais são gerados na economia brasileira, evidenciando o impacto amplo e interconectado da empresa. Além disso, o iFood contribuiu com mais de 909 mil postos de trabalho no país.

A trajetória do iFood demonstra que o crescimento exponencial traz não apenas oportunidades, mas também desafios. A empresa expandiu sua atuação para além do delivery de refeições, incluindo supermercados, farmácias, produtos para animais de estimação e até crédito financeiro para parceiros. Esse crescimento ampliou significativamente o faturamento e o alcance da marca, mas também aumentou a complexidade operacional. Problemas críticos, como fraude, ineficiência em processos e limitações operacionais, começaram a surgir, exigindo soluções escaláveis e inovadoras.

Foi nesse contexto que a IA se tornou uma necessidade estratégica. O iFood começou a investir em soluções que não apenas resolvessem problemas específicos, mas também otimizassem suas operações como um todo,

---

[46] IFOOD. Disponível em: https://institucional.ifood.com.br/. Acesso em: 19 fev. 2025.

criando, assim, ferramentas para prever demandas, otimizar rotas de entrega, personalizar a experiência do cliente e oferecer insights estratégicos para restaurantes e entregadores parceiros.

Como o iFood se tornou uma empresa AI First

Até aqui, vimos a trajetória do iFood – de um guia impresso a uma potência digital – e, no capítulo anterior, exploramos a metodologia PATX, que orienta a transformação para uma cultura focada em inovação. Agora, com o auxílio dos conceitos do PATX, vamos mostrar como a empresa se tornou AI First. Começaremos detalhando o processo de transformação e definindo os 3Ps de negócio a serem atacados: Produto, Processo e Problema.

Passo 1: Definição dos 3Ps de negócio a serem atacados com IA
Produto (P1): personalização da oferta de pratos

Imagine que você esteja em um shopping no horário do almoço e deseja comer picanha. Na praça de alimentação, alguém se aproxima e lhe entrega um cupom de 20 reais de desconto para o único restaurante que serve picanha entre os trinta disponíveis por ali. Parece um conto de fadas, não é?

Com o mindset de "pensar grande", algo profundamente enraizado na cultura do iFood, a empresa decidiu transformar esse conceito em realidade. Usando IA, o iFood criou uma experiência personalizada para cada um dos mais de 60 milhões de usuários da plataforma. Pense bem: oferecer exatamente o que o usuário deseja no momento ideal reduziria drasticamente a chance de ele optar por outra plataforma. Essa personalização também poderia diminuir o custo de reaquisição (CrAC) e elevar o valor de longo prazo (LTV) para a empresa. Além disso, um ganho mesmo que pequeno na conversão, quando aplicado a uma base de dezenas de milhões de usuários, pode gerar um incremento significativo de receita. Uma boa aposta de produto para aplicar IA, certo?

Processo (P2): otimização da previsão de entrega (ETA)

No mundo dos serviços *on demand*, o ETA (*estimated time of arrival*, ou tempo estimado de chegada) tornou-se elemento essencial para a experiência do cliente. Com a ascensão de plataformas como Uber, que oferecem previsões precisas de chegada, e a pontualidade quase infalível da Amazon, os consumidores passaram a exigir o mesmo nível de precisão de outros serviços, incluindo o iFood.

No início, esse processo estava bem longe do ideal e "respingava" na operação logística toda. Primeiro, a imprecisão no ETA frustrava os clientes, que com frequência recebiam seus pedidos muito além do tempo prometido. Além disso, a má experiência (e comunicação) dessas entregas atrasadas também elevava os custos de reaquisição de clientes (CrAC). Em um mercado tão competitivo como o de entregas de comida, era imperativo reverter essa situação.

Diante desse cenário, a otimização do ETA tornou-se um ponto de ataque para o iFood. A empresa precisava investir em uma solução de IA que aprimorasse o processo e alinhasse as operações com as expectativas crescentes dos consumidores. Afinal, a logística é um dos principais alicerces operacionais da empresa, e a precisão no ETA é um indicador crucial de uma logística eficiente.

Problema (P3): fraudes astronômicas e descontroladas

Em novembro de 2019, um alerta vermelho piscava incessantemente nos escritórios do iFood. Os prejuízos com fraudes, especificamente os *chargebacks* – a devolução de pagamentos contestados pelos compradores – saltaram de 5 milhões para espantosos 20 milhões de reais em apenas um mês. Esse aumento dramático colocou em risco a saúde financeira da empresa, e os acionistas, atônitos com os números, pressionaram intensamente a liderança por uma solução imediata. Para reverter essa situação crítica, entrou em cena a inteligência artificial, e também o Diego Barreto, então CFO. Ele assumiu a responsabilidade de liderar a força-tarefa contra as fraudes. Com a área de risco sob seu comando direto, ele cancelou todos os seus compromissos e, durante dois meses intensos, dedicou 75% de seu tempo semanal a esse problema, trabalhando lado a lado com o time de riscos.

Perceba a importância de priorizar estrategicamente os 3Ps. Com a clareza desses três elementos – problema, processo e produto – o iFood conseguiu "sair por cima", como empresa AI First. Vamos analisar a seguir como a empresa arquitetou o uso da IA para atacá-los.

Passo 2: Arquitetura (A) para tornar o iFood AI First

Para construir uma arquitetura tecnológica e organizacional capaz de suportar a transformação do iFood em uma empresa AI First, diversas iniciativas estratégicas foram implementadas de forma coordenada e sinérgica.

Na frente tecnológica, a migração para uma arquitetura de dados flexível e escalável, a construção de uma plataforma de *features* robusta e segura, e a democratização do acesso e manipulação de dados na empresa pavimentaram o caminho para a implementação de soluções avançadas de IA em larga escala.

No âmbito organizacional, a criação de uma vice-presidência dedicada à IA, a formação de times multidisciplinares especializados, as aquisições estratégicas para incorporar talentos, a promoção de uma cultura de dados e a autonomia foram pilares fundamentais. Vamos explorar esses movimentos em detalhes.

Arquitetura tecnológica do iFood

Foi essencial para o iFood evoluir a sua infraestrutura para colocar em prática sua estratégia de AI First. Esse movimento permitiu que a empresa aproveitasse ao máximo os dados já existentes para implementar a transformação que tanto desejava.

E mesmo que ter uma estrutura moderna não seja exclusividade para evoluir em IA, é bem difícil alcançar resultados consistentes sem uma fundação sólida. Foi justamente esse investimento que fez o iFood crescer como plataforma e criou um alicerce robusto para aprimorar suas soluções de tecnologia. Veja a seguir como isso se deu.

- **Modernização da gestão de dados**

    Em 2018, o iFood deu início a uma grande transformação em sua infraestrutura de dados. Em vez de usar um data warehouse tradicional – onde as informações são bem organizadas e estruturadas, como se fossem prateleiras de uma biblioteca –, a empresa migrou para um data lake. Esse novo sistema trouxe mais flexibilidade para lidar com diferentes tipos de dados, tanto os organizados quanto os mais "desetruturados". Com essa mudança, o iFood conseguiu acumular uma quantidade impressionante de dados: 1 petabyte.[47]

---

[47] Um petabyte (PB) é uma unidade de medida de dados digitais que equivale a 1.024 terabytes (TB) ou 1.125.899.906.842.624 bytes (B). É o equivalente a quase 60 mil filmes em 4K.

Para dar conta de processar todo esse volume e extrair valor dessas informações, a empresa apostou na Databricks, uma plataforma especializada que facilita tanto a engenharia de dados quanto o desenvolvimento de modelos de machine learning. Integrado à AWS (Amazon Web Services), que fornece a infraestrutura de nuvem para armazenamento e processamento, o Databricks ajuda o iFood a escalar suas soluções conforme a demanda, garantindo a base necessária para lidar com volumes massivos de dados de maneira eficiente.

Durante esse período, o iFood colocou em operação 28 clusters databricks – que são grupos de servidores trabalhando juntos –, além de utilizar clusters EMR (*elastic mapreduce*)[48] sob demanda, isto é, conforme sua necessidade. Assim, em épocas de pico, como dias de grandes promoções (Black Friday, por exemplo) ou datas especiais, como o Dia dos Namorados, quando todo mundo resolve fazer pedidos ao mesmo tempo (ou seja, o volume de dados aumenta bastante), o sistema consegue chamar mais "reforços" para dar conta do recado sem deixar ninguém na mão. Essa estrutura flexível permite que o iFood se adapte rapidamente quando a demanda "explode", mantendo aquele serviço de qualidade que todo mundo já conhece. E como já sabemos que dados são o combustível que move as soluções de IA, fica claro que ter uma performance ágil e eficiente no processamento dessas informações é fundamental para o sucesso da IA na empresa.

- **Democratização do uso de dados**

Paralelamente, o iFood iniciou um movimento para democratizar o uso de dados, capacitando colaboradores de diferentes áreas a acessar e manipular informações diretamente através do SQL (*structured query language*) – a linguagem padrão para consulta e gerenciamento de dados em bancos de dados relacionais. Essa iniciativa empoderou os times a explorar dados de maneira autônoma, sem depender

---

[48] O EMR (*elastic mapreduce*) é um serviço da AWS que facilita processamento de grandes volumes de dados de maneira rápida e eficiente.

exclusivamente das equipes técnicas, o que estabeleceu uma cultura data-driven genuína.

Essa expansão da IA por toda a organização possibilitou a otimização de processos, a melhoria de produtos e a resolução de problemas com maior eficiência. Afinal, a partir daquele momento, todos tinham a oportunidade de usar dados para solucionar problemas e encontrar novas oportunidades.

- **A fábrica de IA do iFood**

O iFood desenvolveu uma estrutura chamada Model Factory para criar os modelos de IA e colocá-los em operação de maneira eficiente. Essa estrutura age como uma linha de produção, permitindo que os dados sejam transformados em decisões inteligentes que impactam o negócio. Vamos entender como isso acontece, sem complicações.

Tudo começa com a Plataforma de Dados (que cobrimos no início desta seção), onde os dados brutos são coletados, organizados e transformados em informações úteis para os modelos. Um dos principais componentes aqui é a Feature Store, que atua como um repositório central onde as chamadas *"features"* são armazenadas. Mas o que são essas *features*? De modo simples, uma *feature* é qualquer característica ou informação específica extraída dos dados brutos que ajuda os modelos a "entender" o contexto e a fazer previsões. Por exemplo, no contexto de previsão de tempo estimado de entrega (ETA), uma *feature* importante poderia ser: "a distância entre o restaurante e o cliente". Essa informação possibilita ao modelo calcular com mais precisão o tempo de entrega, levando em conta fatores como tráfego e localização.

Depois, entra em cena o BRUCE, codinome da estrutura de machine learning que organiza e padroniza o uso do SageMaker (plataforma da AWS para criar e colocar em operação modelos em grande escala). O BRUCE permite a reutilização de códigos e acelera o desenvolvimento dos modelos, garantindo consistência entre as diferentes frentes de desenvolvimento.

A próxima etapa é o ML Go!, que automatiza todo o processo de integração e entrada em produção dos modelos, garantindo que sejam rapidamente colocados em operação de maneira segura. Isso significa que os desenvolvedores podem focar em melhorar os modelos, enquanto o sistema cuida de todo o trabalho técnico de integração.

Quando um modelo está pronto, ele é acessado pela Production ML Model API, que conecta diferentes sistemas do iFood, possibilitando que as previsões geradas sejam aplicadas em tempo real para decisões de negócio – por exemplo, como identificar padrões de comportamento dos usuários para personalizar recomendações, isso, claro, sempre respeitando as políticas de privacidade. É aqui que a inteligência artificial realmente começa a impactar e transformar os 3Ps do negócio.

Além disso, o iFood também possui uma Plataforma de IA generativa que é alimentada por essas mesmas features e modelos. Nela, a IA é usada para criar novos insights e funcionalidades mais avançadas, como gerar recomendações automáticas ou criar respostas personalizadas para os clientes. Tudo isso é possível porque a Model Factory garante que cada componente esteja integrado e funcionando de maneira fluida, aproveitando ao máximo o potencial dos dados.

Veja no diagrama um resumo do que conversamos.

MODELO DE FÁBRICA - MERGULHO PROFUNDO EM TECNOLOGIA

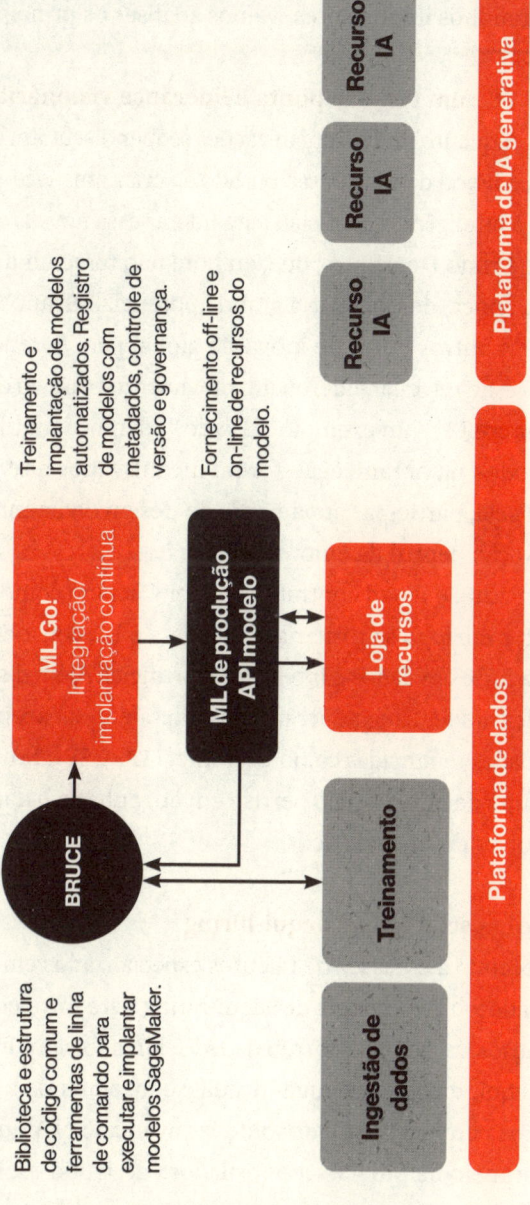

BRUCE
Biblioteca e estrutura de código comum e ferramentas de linha de comando para executar e implantar modelos SageMaker.

ML Go!
Integração/implantação contínua

Treinamento e implantação de modelos automatizados. Registro de modelos com metadados, controle de versão e governança.

ML de produção API modelo

Fornecimento off-line e on-line de recursos do modelo.

Loja de recursos

Ingestão de dados

Treinamento

Recurso IA

Recurso IA

Recurso IA

Plataforma de dados
- Ferramentas e serviços para ingestão e processamento de dados em escala.
- Orquestração de conjuntos de dados de treinamento e análise exploratória.
- Governança e responsabilização pelo armazenamento de dados, acesso e seu ciclo de vida, especialmente em relação a dados sensíveis e ao LGPD (equivalente brasileiro ao GPDR).

Plataforma de IA generativa
- Hub para modelos de IA generativa.
- Acesso a todos os principais modelos de IA generativa. Aplica regras de governança (como prevenção de vazamentos de informações pessoais).

Fonte: Material fornecido pelo iFood.

Arquitetura organizacional para apoiar a transformação

Para estabelecer uma base organizacional robusta e inovadora, focada na integração de talentos, cultura e em novas maneiras de operar internamente, o iFood seguiu caminhos importantes. Vamos analisar os principais.

- **Formação de um time de ponta e liderança visionária**

  Em 2018, enquanto muitas organizações sequer discutiam a importância da IA, o iFood deu um passo ousado ao criar uma vice-presidência dedicada à inteligência artificial. Para liderar essa nova área, a empresa trouxe Bruno Henriques, que, embora não fosse uma autoridade em IA na época, demonstrava grande potencial. Bruno foi enviado à China e a outros polos de inovação global para aprender com os melhores e, ao retornar, liderou um movimento massivo de educação interna sobre IA – um exemplo claro de "liderança multiplicadora". Assim, todos na organização foram incentivados a ter *skin in the game*, ou seja, participar ativamente do desenvolvimento contínuo e da inovação dentro da empresa.

  Ainda em 2018, o iFood contratou Sandor Caetano como Chief Data Scientist, e ele logo se tornaria VP de data e IA, consolidando uma liderança forte em dados e inteligência artificial. Além disso, durante a crise de fraude, Diego Barreto, buscou talentos excepcionais em universidades renomadas como Unicamp, ITA, USP e IME, formando uma equipe de elite com expertise em engenharia e data analytics para resolver desafios críticos.

- **Aquisições estratégicas: acqui-hiring**

  Reconhecendo a escassez de talentos especializados em dados e IA, o iFood adotou a estratégia de acqui-hiring para fortalecer sua base de inovação. Em 2020, a startup de IA Hekima foi adquirida, trazendo uma equipe altamente qualificada e consolidando a capacidade da empresa em desenvolver soluções avançadas. Além disso, em 2014, por meio da Movile – controladora do iFood – a Maplink foi incorporada, proporcionando acesso indireto à expertise em dados e logística, essencial para o desenvolvimento do projeto de previsão de entrega (ETA), um dos "P" a serem atacados pela gigante de food delivery. Essas aquisições não só ampliaram o quadro de talentos do iFood, mas também aceleraram o desenvolvimento de novas soluções tecnológicas ao integrar equipes já especializadas em áreas críticas.[49]

- **Upskilling e reskilling: desenvolvendo talentos internos**
Além de trazer novos talentos, o iFood iniciou um processo robusto de *upskilling* e *reskilling* de times internos. Um exemplo notável é o programa BADHU (*business analyst data heavy user*), que certificava profissionais no uso avançado de dados e ferramentas de análise. Esse programa foi essencial para disseminar a cultura de dados dentro da empresa, garantindo que cada vez mais colaboradores utilizassem dados como o DNA central de suas decisões.

- **Os *org charts* tradicionais dão lugar ao *single-threaded leadership***
Para romper com os organogramas tradicionais, que muitas vezes são burocráticos e limitam a agilidade, o iFood adotou o modelo de *single-threaded leadership*, inspirado na Amazon. Esse modelo de liderança está voltado a times enxutos e autônomos, com líderes responsáveis por uma única área de foco. Ao eliminar camadas hierárquicas e estruturas matriciais complexas, a organização passaria a operar de forma mais ágil e eficiente, facilitando a rápida implementação de novas iniciativas e permitindo que as equipes fossem mais responsivas às mudanças do mercado.

- **Centralização dos times de dados e IA em simbiose com o *business***
A organização do iFood é estruturada para combinar a robustez de uma infraestrutura centralizada com a agilidade de times distribuídos. A infraestrutura central é liderada pelo CTO, que supervisiona diretamente as operações de dados e inteligência artificial. Abaixo dele, o CDO lidera as iniciativas de dados e IA, trabalhando com três

---

[49] MOVILE compra dona do Maplink e Apontador. **Exame**, 26 set. 2014. Disponível em: https://exame.com/pme/movile-compra-dona-do-maplink-e-apontador/. Acesso em: 19 fev. 2025.

diretores responsáveis por data analytics, data science e data engineering. Segundo o já citado Thiago Cardoso, em entrevista para este livro, "esse núcleo estratégico define padrões de qualidade, gerencia a infraestrutura e supervisiona o desenvolvimento de soluções de IA para garantir que os dados sejam seguros, acessíveis e alinhados às necessidades de negócio".

Em paralelo, existem times distribuídos, compostos por business analysts e data scientists que estão imersos em diferentes áreas de negócio (BUs) e times de tecnologia, colaborando diretamente com as lideranças das unidades para atacar os 3Ps do negócio com tecnologia. "Essa configuração permite uma atuação ágil e próxima aos desafios reais das operações", diz Cardoso.

Para assegurar que todos esses times, tanto centralizados quanto distribuídos, operem com os mesmos padrões e objetivos, o iFood adota um modelo baseado em chapters. Os chapters são grupos de especialistas em um campo específico, como data science ou data engineering, que promovem a troca de conhecimentos, disseminam boas práticas e definem metodologias e frameworks a serem seguidos por toda a organização.

Thiago explica que "essa estrutura permite ao iFood combinar a estrutura de uma grande empresa com a agilidade de uma startup, essencial para acompanhar o mercado e as necessidades dos clientes". Isso se reflete na rapidez em lançar novos produtos, como a personalização de ofertas e a eficiência de processos, como o de digitalização de cardápios.

A seguir, veja o modelo dessa estrutura.

Design ORG:
Equipe distribuída e infraestrutura centralizada

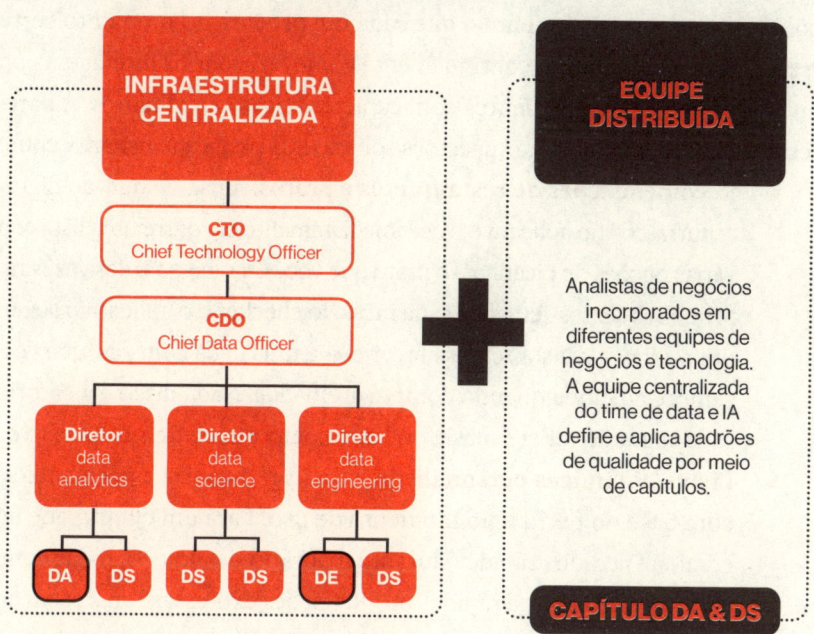

INFRAESTRUTURA CENTRALIZADA
- CTO — Chief Technology Officer
- CDO — Chief Data Officer
  - Diretor data analytics → DA, DS
  - Diretor data science → DS, DS
  - Diretor data engineering → DE, DS

+

EQUIPE DISTRIBUÍDA
Analistas de negócios incorporados em diferentes equipes de negócios e tecnologia. A equipe centralizada do time de data e IA define e aplica padrões de qualidade por meio de capítulos.

CAPÍTULO DA & DS

Fonte: Material fornecido pelo iFood.

Passo 3: Transformação (T) dos 3Ps com IA

O iFood conduziu com maestria essa fase de, como já vimos, aplicação da IA, na qual se desenvolve, testa, coloca em operação, mede os resultados, aprende e ajusta os modelos de acordo com as metas de negócio. Vamos analisar como isso se deu.

Personalização e recomendação de produtos (P1)
A princípio, a página principal do iFood era a mesma para todos os usuários. A estrutura era composta por listas fixas de produtos, anúncios – escolhidos por empresas externas – e restaurantes organizados em uma ordem estática definida de modo manual pelo time de vendas. Além disso, a busca dentro da plataforma era um processo genérico, sem qualquer inteligência que pudesse refinar resultados ou se adaptar às preferências de cada cliente.

A transformação aconteceu com a criação de modelos de IA que utilizam uma vasta quantidade de dados comportamentais (de novo, respeitando as regras de privacidade), para entender os clientes, adaptar o conteúdo exibido e oferecer exatamente o que cada um procura no momento certo. Esses algoritmos analisam continuamente como os usuários interagem com a plataforma e agrupam clientes com características semelhantes. A partir desses dados, o modelo gera sugestões sob medida para cada usuário, como:

- **Recomendações de restaurantes e pratos:** imagine que, ao digitar "churrasco" no aplicativo, você imediatamente encontre uma lista com várias opções de picanha – o prato que você escolhe 70% das vezes nas primeiras sextas-feiras de cada mês. No checkout, o aplicativo sugere um pudim – sua sobremesa favorita – e uma água com gás, que você sempre adiciona quando compra grelhados. Nada disso é aleatório: cada sugestão reflete suas escolhas e comportamento no aplicativo.
- **Listas dinâmicas personalizadas:** a IA reorganiza a página inicial com base no perfil e no momento de uso. Para um cliente que em geral faz pedidos rápidos durante o horário de almoço, listas como "Pratos para entrega rápida" ou "Refeições expressas" aparecem em destaque, aumentando a conversão ao oferecer exatamente o que ele precisa em menos cliques.
- **Busca semântica:** em vez de apenas buscar por palavras-chave, o modelo compreende a intenção por trás de cada termo digitado. Se um cliente digitar "comida saudável perto de mim", o sistema não só encontra opções, mas também prioriza pratos e restaurantes que historicamente bem-avaliados como "saudáveis" por clientes semelhantes, além de considerar a proximidade para sugerir os melhores resultados.

Foram vários os resultados dessa transformação: houve um aumento de 23,5% na taxa de conversão da página inicial e um incremento de 0,2% no número de pedidos mensais. Na busca de produtos, a aplicação da IA elevou a conversão em 0,54%, enquanto, na personalização dos anúncios, ocorreu um crescimento de 17% do faturamento proveniente dessa categoria de produto no app.

Otimização da previsão de entrega (ETA)

No início, a previsão de entrega no iFood era feita diretamente pelos restaurantes, uma estimativa feita sem levar em conta fatores como volume de pedidos, condições de trânsito e disponibilidade de entregadores. O padrão variava entre 30 e 45 minutos, independentemente das circunstâncias, o que muitas vezes não era seguido. Os frequentes atrasos, claro, frustravam os clientes. E, à medida que a plataforma se expandia, o gargalo aumentava.

Para a transformação do processo de ETA, a empresa passou a utilizar deep learning para prever o tempo de entrega com base em diversas variáveis. Redes neurais analisam fatores como tempo de preparo dos pratos, padrões de tráfego, horário, dia da semana e a distância até o cliente. Desse modo, se um restaurante demora 20 minutos para preparar uma pizza quatro queijos às terças-feiras, mas leva 30 minutos às quintas por ser um dia mais movimentado, a inteligência artificial ajusta automaticamente o tempo de entrega conforme as condições específicas.Veja na Tabela 1 um exemplo de como o algoritmo é treinado para prever o ETA:

Tabela 1. Exemplo de Dataset de treino

Registro	Distância	Dia	Quantidade	Tipo	Previsão
1	2km	Terça	1	4 queijos	30
2	2km	Quinta	1	4 queijos	40
3	2km	Sábado	4	variadas	60
...	-	-	-	-	-
351	2km	Terça	1	4 queijos	30
352	2km	Quinta	1	4 queijos	40
353	2km	Sábado	4	variadas	60

Fonte: Elaborado pelo time de engenharia do iFood.

Com a introdução da IA, as rotas também se tornaram mais dinâmicas, pois agora podiam ser recalculadas e adaptadas em tempo real, permitindo reagir a mudanças de última hora, como novos pedidos ou variações no trânsito. Isso possibilitou uma operação mais flexível, agrupando entregas para reduzir distâncias percorridas e equilibrar o custo por pedido. A combinação de novas abordagens de roteamento e o uso de algoritmos avançados geraram uma economia de mais de 4 milhões de reais por mês e melhorou a qualidade do serviço, garantindo que os pedidos cheguem no horário estimado, ainda quentes e saborosos.

Como a IA transformou o combate às fraudes

O iFood criou um modelo de IA que calculava a probabilidade de uma transação ser fraudulenta antes mesmo de ser concluída. O modelo analisava variáveis como o valor total do pedido, horário da compra, histórico de transações do usuário e padrões de cancelamento. Então, se um cliente realizasse compras de alto valor em horários atípicos, como de madrugada, e sem um histórico de pedidos consistentes, a operação era considerada de alto risco e bloqueada automaticamente.

Além disso, o sistema conseguia detectar anomalias mais complexas. Se um restaurante recém-cadastrado começasse a receber um número anormal de pedidos de grande valor logo após entrar na plataforma, todos para endereços distantes e com clientes repetidos, o modelo interpretava isso como uma possível tentativa de criar uma operação fraudulenta. Nesse caso, o algoritmo atribuía uma pontuação de risco elevada ao restaurante e ativava um processo de verificação mais rígido.

A IA também foi fundamental para rastrear abusos em reembolsos e promoções. Imagine um usuário que solicita reembolsos de maneira recorrente, alegando sempre motivos subjetivos como "pedido atrasado" ou "pedido incompleto", mas fazendo isso em horários e dias específicos. O sistema cruza esses comportamentos com o histórico dos entregadores e restaurantes envolvidos, detectando padrões que indicam uma tentativa de exploração das políticas de reembolso. Em poucos segundos, a tecnologia identifica se aquele comportamento é legítimo ou se trata de um abuso.

Em relação aos entregadores, a análise foi ainda mais a fundo. Se um entregador está associado a múltiplos pedidos que terminam em reclamações e reembolsos, principalmente por extravios ou atrasos, o modelo aplica uma marcação de risco. Isso permite que a operação do iFood bloqueie temporariamente o perfil e inicie uma investigação antes que o problema gere mais prejuízos.

Outro ponto alto foi a criação de um modelo específico para detecção de comerciantes falsos. Utilizando algoritmos que identificavam anomalias e padrões de comportamento incomuns, o sistema conseguia rapidamente apontar operações suspeitas e ativar protocolos de verificação mais rigorosos. Era a Fábrica de IA em plena ação, transformando um antigo ponto fraco em um diferencial competitivo.

Antes da implementação do sistema inteligente, as perdas mensais com fraudes, especialmente de chargebacks, chegavam a 20 milhões de reais, e o índice de fraudes nas transações era superior a 2,6%, muito acima do aceitável para o setor. Além disso, a taxa de aprovação estava abaixo de 90%, o que significava que muitos pedidos legítimos eram recusados. Após a aplicação dos modelos de IA, o índice de fraudes caiu drasticamente para aproximadamente 0,1%, enquanto a taxa de aprovação de transações saltou para 97%. Isso representou uma virada significativa no controle de riscos e na saúde financeira do negócio. Mas os benefícios não pararam por aí. A IA também trouxe ganhos expressivos na prevenção de abusos em promoções e reembolsos. Mensalmente, cerca de 4% dos investimentos em cupons passaram a ser economizados ao identificar tentativas de exploração das promoções, o controle mais rigoroso sobre os reembolsos gerou uma redução de 5% nos custos totais nessa área.

Passo 4: O efeito X da IA

Escrever sobre o iFood é um desafio único. Quando você acha que já pesquisou e analisou tudo, que entrevistou as pessoas certas e seguiu todos os passos do manual de uma boa escrita, a empresa surpreende novamente. O capítulo parecia pronto, mas, de repente, outro recorde: 115 milhões de reais de pedidos entregues em um único mês.

O iFood chegou ao "X da IA" – aquela fase da multiplicação, sobre a qual já trocamos ideias, em que o impacto combinado de cada transformação gera um efeito composto muito maior do que a soma dos resultados individuais. A empresa, que há poucos anos atuava apenas como um serviço de *delivery* de comida, com a criação de uma base sólida de logística, uma estrutura de dados poderosa e a implementação de uma Fábrica de IA, se transformou em uma plataforma multifuncional, capaz de expandir suas operações para novos segmentos – supermercados, farmácias, bebidas etc. – com velocidade e eficiência.

E nada melhor que os números para mostrar o gigantismo do iFood. No fechamento do ano fiscal em 31 de março de 2024, o iFood reportou 1,2 bilhão de dólares de receita – quase o dobro dos 644 milhões no final de 2022. As margens do negócio cresceram quinze pontos percentuais em relação ao ano fiscal anterior, além de uma economia anual de 100 milhões de dólares em custos graças às diversas iniciativas orientadas por IA. E mais: graças à IA, o iFood cresceu 40% nos últimos dois anos sem adicionar uma única pessoa ao time.[50]

E isso tudo preservando o clima organizacional. Sim, durante esse crescimento explosivo, os indicadores de clima e cultura da empresa foram preservados, um dos claros sinais de uma empresa AI First.

O gráfico a seguir ilustra o modelo de escala do iFood usando IA.

---

[50] BONFIM, M. Novo CEO do iFood: o crescimento não virá de novos negócios, mas do aumento da frequência. **Exame**, 22 maio 2024. Disponível em: https://exame.com/negocios/novo-ceo-do-ifood-o-crescimento-nao-vira-de-novos-negocios-mas-do-aumento-da- frequencia/. Acesso em: 12 set. 2024.

iFood X

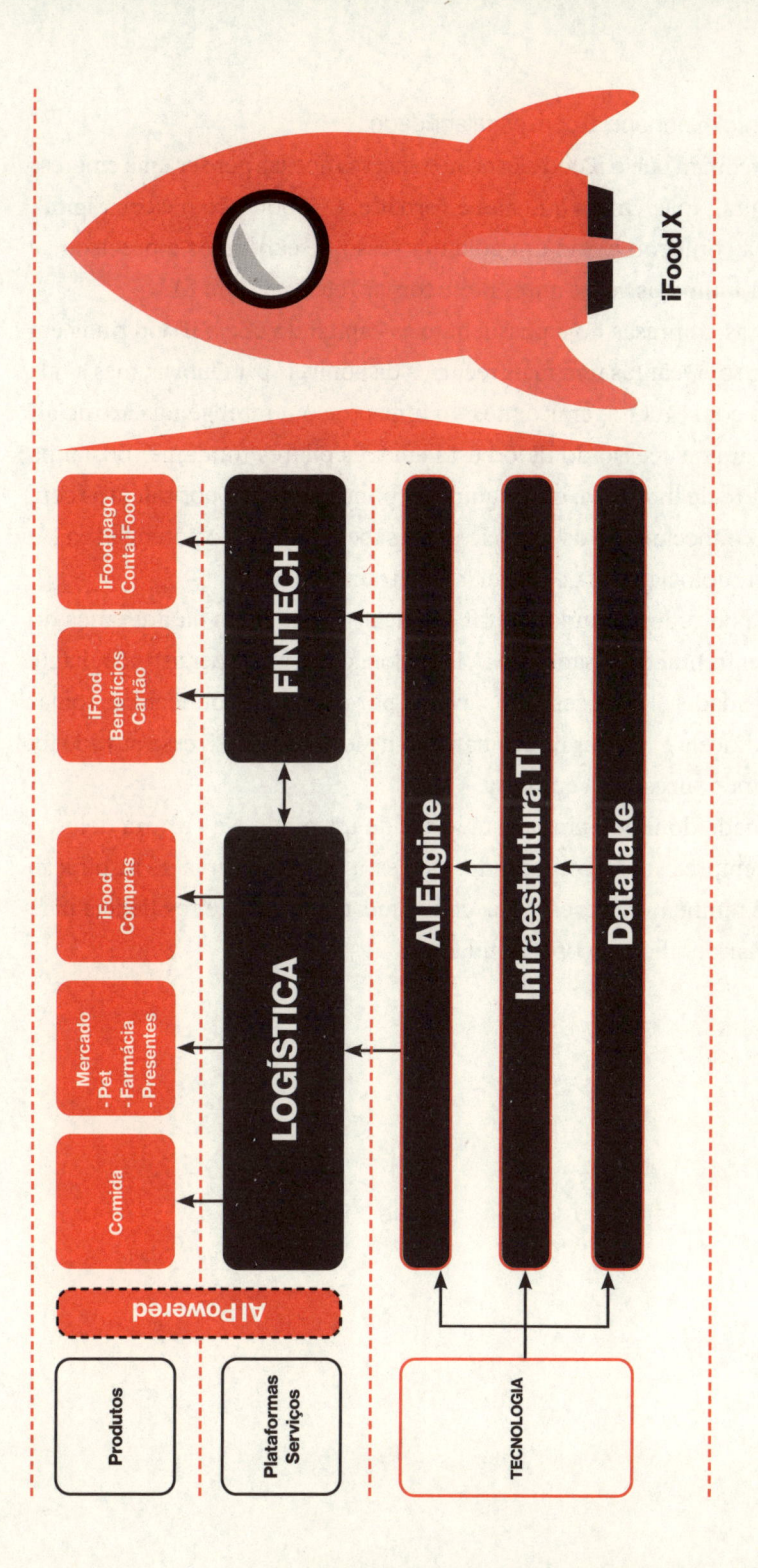

FINTECH
- iFood pago / Conta iFood
- iFood Benefícios / Cartão

LOGÍSTICA
- iFood Compras
- Mercado / -Pet / -Farmácia / -Presentes
- Comida

AI Powered

TECNOLOGIA
- AI Engine
- Infraestrutura TI
- Data lake

Produtos

Plataformas Serviços

A jornada de uma empresa para se tornar AI First · **147**

Crescimento exponencial com escalabilidade

Muitos acreditam que o iFood alcançou o sucesso apenas por ser uma empresa nativa digital, mas vimos que não é verdade. O iFood não nasceu digital. A empresa começou como um guia impresso de cardápios e precisou se reinventar inúmeras vezes antes de se tornar referência em IA.

Quantas empresas hoje possuem mais capital do que o iFood tinha em 2018 ou 2020? Quantas têm mais recursos disponíveis para inovar, mas ainda assim não conseguem gerar o mesmo impacto com inteligência artificial? A chave para o sucesso do iFood está em três pilares fundamentais: uma cultura forte de inovação; uma equipe de ponta, formada por talentos com profundo conhecimento do negócio e que sabem explorar o potencial da IA; e uma metodologia sólida para guiar essa transformação.

Acima de tudo, é fundamental destacar a resiliência da liderança do iFood ao enfrentar os desafios dos 3 Ps ao longo dos anos, persistindo diante das adversidades. Foi necessário navegar por mares desconhecidos, tomar decisões difíceis e manter o foco na visão de longo prazo. E essa atitude foi crucial para o sucesso da empresa.

A jornada do iFood ainda está longe de terminar. Na cultura deles, o negócio sempre está só começando. Que essa trajetória sirva de inspiração para você também escrever a sua, com a mesma ousadia e resiliência para transformar desafios em oportunidades.

QUE ESSA TRAJETÓRIA SIRVA DE INSPIRAÇÃO PARA VOCÊ TAMBÉM ESCREVER A SUA, COM A MESMA OUSADIA E RESILIÊNCIA PARA TRANSFORMAR DESAFIOS EM OPORTUNIDADES.

IA PARA LÍDERES: DO CONCEITO À REALIDADE

10

Quantificando o impacto da IA nas métricas tradicionais

Sentado em uma sala de reuniões, amplas janelas de vidro me mostravam uma vista inspiradora naquela manhã em Palo Alto. Montanhas e pinheiros delineavam o Vale do Silício, estendendo-se até onde a vista alcançava.

Estávamos ali para apresentar o novo sistema de manutenção preditiva para computação pessoal, baseado em IA, a um CIO de uma grande empresa americana. Depois de expormos todos os benefícios e funcionalidades, o executivo fez uma pausa e olhou por um momento para a paisagem além da janela. Então, voltou-se para mim: "Imagino que já estejam usando essa IA dentro da empresa de vocês, certo? O seu CIO pode atestar os benefícios que estão propondo com dados sólidos?".

Não esperávamos aquele tipo de questionamento. Até porque, a bem da verdade, não usávamos nossa própria tecnologia internamente. Quando admitimos isso, o CIO disse algo que ressoaria profundamente: "Se vocês não confiam o suficiente em seu produto para usá-lo, por que eu deveria arriscar?".

Ali ficou claro que era o momento de implementarmos a nossa solução dentro da própria empresa antes de esperar que os outros a adotem. Ou melhor dizendo, em uma expressão bastante utilizada no Vale do Silício, havia chegado a hora de "comermos nossa própria comida de cachorro".

Buscamos apoio interno, e o nosso COO, o experiente John Flaxman, conhecido pelo rigor financeiro e precisão cirúrgica de avaliar negócios, aceitou o desafio. Embora estivesse disposto a nos apoiar, ele impôs condições: "Vou pedir ao nosso CIO que considere adotar a tecnologia. Podemos usar nossos 60 mil funcionários e o departamento de TI como laboratório. Mas vou tratá-los como se fossem um fornecedor externo. Vocês terão que me convencer".

Iniciou-se, então, um processo intenso e meticuloso. Passamos por sete revisões do *business case*, cada uma mais detalhada e exaustiva que a anterior. John questionava cada suposição, cada projeção. "Ainda não vejo valor suficiente para justificar esse investimento", dizia ele.

Por fim, após muito esforço, conseguimos a aprovação de John. Implementamos a solução dentro da nossa empresa, e os resultados começaram a aparecer. Nosso CIO tornou-se não apenas um entusiasta, mas um verdadeiro embaixador da tecnologia. Ele passou a receber outros CIOs naquelas mesmas salas de reuniões com vista para as montanhas, compartilhando nossa jornada, mostrando dados reais, impactos mensuráveis.

Essa experiência redefiniu minha compreensão sobre o que significa implementar inteligência artificial nas empresas. Não se trata apenas de desenvolver tecnologias avançadas, mas de integrá-las profundamente à nossa própria organização, testá-las, aprimorá-las e, acima de tudo, medir seu impacto real.

As próximas páginas são um convite para uma reflexão disciplinada sobre como investir em IA de modo estratégico e garantir retornos concretos. Na busca constante pela inovação, é fácil se deixar levar pelo entusiasmo e pelas promessas de novas tecnologias. No entanto, é fundamental lembrar que a credibilidade surge dos desafios superados e dos dados sólidos que comprovem o valor gerado.

Áreas de impacto e métricas estratégicas para medir a eficiência da IA

A inteligência artificial deve gerar valor para os *stakeholders* – acionistas, líderes e colaboradores –, que buscam retorno financeiro e aumento de produtividade, e para os clientes, que demandam produtos e serviços melhores e mais personalizados. Esses ganhos, no entanto, precisam estar interligados: ao melhorar a competitividade e a eficiência da empresa, a IA deve, de maneira simultânea, aumentar o valor percebido pelos clientes.

Em vez de reinventar métricas tradicionais como faturamento, EBITDA ou tempo de desenvolvimento de novos produtos, vamos propor métodos práticos para calcular o impacto interno dos investimentos em IA. O objetivo é equipar você com ferramentas claras para planejar, justificar e executar projetos de IA com base em resultados mensuráveis, olhando para seu impacto tanto interno quanto externo.

Assim, neste capítulo, vamos focar o pilar 3 da jornada: medir o ROI. Vamos dar uma olhada nas principais métricas de negócios, como tempo de lançamento de um produto, CAC, LTV, aumento de *cross-selling* e *upselling*. Caso você já esteja familiarizado com essas métricas, sinta-se à vontade para avançar para o capítulo 11, no qual exploraremos as supermétricas exclusivas para mensurar diretamente o impacto da IA na produtividade e no valor da sua empresa. Exploraremos como a IA pode aprimorar experiências, personalizar ofertas e gerar fidelização, elevando o impacto competitivo da sua empresa no mercado.

Impacto para *stakeholders* internos
Inovação e competitividade

A inteligência artificial acelera o desenvolvimento de novos produtos e serviços, permitindo que as empresas identifiquem e aproveitem oportunidades de mercado antes despercebidas. Isso se traduz em maior agilidade para inovar e responder às mudanças, criando valor adicional e abrindo novas fontes de receita. A principal maneira de medir essa aceleração é acompanhar três métricas essenciais: a quantidade de novos produtos e serviços lançados com a tecnologia no núcleo, a redução do *time to market* (TTM) e o número de patentes submetidas e concedidas ligadas à IA.

Quantidade de novos produtos e serviços lançados com a tecnologia no núcleo
A quantidade de novas ofertas criadas com IA reflete o uso dessa capacidade desde a concepção, trazendo funcionalidades exclusivas, como personalização em escala e recomendações inteligentes baseadas em grandes volumes de dados, que seriam impossíveis com abordagens tradicionais. O índice de adoção de IA nos produtos (IAP) é a métrica simples a ser usada para esse fim.

Como medir o IAP:

$$IAP = \frac{\text{Quantidade de novos produtos com IA}}{\text{Total de produtos lançados no período}}$$

Exemplo:

Vamos supor que a quantidade de novos produtos lançados com IA no núcleo seja 3 (iFood Pet, iFood Farmácia e iFood Perfumaria); e que o total de novos produtos lançados no período seja 4. Assim, temos:

$$IAP = \frac{3}{4} = 0.75 \text{ (ou 75\%)}$$

Redução do *time to market* (TTM)

A redução do TTM mede o intervalo entre a idealização de um produto e seu lançamento. Com o uso de IA, etapas como design, simulação e testes são aceleradas, o que é vantajoso em setores com ciclos longos e caros de desenvolvimento, como o farmacêutico. Além de reduzir custos e aumentar a competitividade, um TTM menor proporciona acesso antecipado ao mercado, melhor aproveitamento de tendências de consumo e maior agilidade nos ciclos de inovação. Isso também permite um retorno sobre investimento (ROI) mais rápido e diminui o risco de obsolescência do produto. Assim, o cálculo do índice de redução do TTM possibilita quantificar o impacto da IA no ciclo de desenvolvimento de novos produtos e serviços.

Como calcular o TTM:

$$TTM = \frac{TTM\ Anterior - TTM\ com\ IA}{TTM\ Anterior}$$

Exemplo:

O desenvolvimento de novos medicamentos é um processo longo, com um tempo médio entre dez e quinze anos para a chegada de um novo fármaco ao mercado. Durante esse período, são necessárias várias etapas, como pesquisa pré-clínica, clínica (fases 1, 2 e 3) e pós-comercialização (fase 4), além do cumprimento de rigorosos requisitos regulatórios e éticos.[51]

Assim, ao assumirmos um **tempo médio anterior** de 120 meses (dez anos), entre as etapas de pesquisa e regulamentação; e um **tempo médio com IA** estimado de 84 meses (sete anos), temos:

$$TTM = \frac{120 - 84}{120} = \frac{36}{120} = 0.3 \text{ (ou 30\%)}$$

Essa diminuição de 30% no *time to market* é uma aceleração significativa em todo o processo, o que possibilita que novos tratamentos cheguem ao mercado mais rapidamente e beneficiem tanto os pacientes quanto as empresas que investem nessas inovações.

Número de patentes submetidas e concedidas ligadas à IA

As patentes, além de indicarem o grau de inovação de uma empresa, garantem que novos produtos e serviços estejam protegidos contra a concorrência. A geração de propriedade intelectual cria barreiras de entrada e sustenta a vantagem competitiva a longo prazo. No contexto de inovação, é importante também considerar que patentes voltadas para processos e soluções de problemas de negócios também têm grande relevância estratégica e devem ser incluídas na análise. Para medir o avanço da IA nesse contexto, utilizamos o índice de propriedade intelectual com IA (IPI-IA).

Como medir o IPI-IA:

$$IPI - IA = \frac{\text{Quantidade de patentes relacionadas à IA}}{\text{Total de patentes no período}}$$

---

[51] PAUFERRO, M. R. V. Desenvolvimento de novos medicamentos: o caminho desde a pesquisa até a prateleira. **Nexxto**, 12 nov. 2020. Disponível em: https://nexxto.com/desenvolvimento-medicamentos-desde-a-pesquisa-ate-a-prateleira/. Acesso em: 25 jan. 2024.

Exemplo:

Uma empresa registrou um total de **50 patentes** no último ano, e **5** estavam diretamente relacionadas a tecnologias de IA, refletindo o início da contribuição da IA em seu portfólio de inovação.

Cálculo do IPI-IA:

$$IPI-IA = \frac{\text{Quantidade de patentes relacionadas à IA}}{\text{Total de patentes no período}} \times 100$$

$$IPI-IA = \frac{5}{50} \times 100 = 10\%$$

Aumento de receita e margem com IA

Monitorar as receitas atribuídas à IA é essencial para garantir que o investimento esteja gerando impacto nos produtos e serviços. O foco deve ser sempre o crescimento sustentável e a escolha precisa do que medir para identificar o real valor gerado. O impacto no aumento de receitas deve ser dimensionado ao se analisar três principais vetores: aquisição de clientes e aumento na conversão, maximização do valor do cliente, e otimização da precificação em função de *features* e valor.

Aquisição de clientes e aumento na conversão

Os algoritmos de IA personalizam anúncios e ofertas (lembra-se do exemplo do iFood?), aumentando a relevância para o público-alvo e melhorando as taxas de cliques (CTR) e de conversão (CR). Além disso, se reduz o custo de aquisição de clientes (CAC) por meio de um direcionamento mais eficiente. Para avaliar esses impactos, é fundamental medir cada uma dessas métricas antes e depois da aplicação da IA. À medida que os esforços de IA avançam e se tornam mais sofisticados, deve-se monitorar as variações nas três variáveis (CTR, CR e CAC) para determinar o impacto exato, pois nem todas as ações de IA funcionam de maneira igualmente eficaz. Assim, com a clareza nos resultados obtidos, é possível realizar ajustes contínuos e otimizações que potencializam os benefícios da tecnologia na aquisição e conversão de clientes.

- Taxa de cliques (CTR – *click-through rate*)

O CTR mede a proporção de cliques recebidos por um item (recomendação, anúncio ou botão) em relação ao número total de vezes que esse item foi exibido para os usuários. O CTR é especialmente importante para avaliar a relevância das recomendações, indicando se o conteúdo apresentado é interessante e atraente para os usuários.

Como medir o CTR:

$$CTR = \frac{\text{Número de cliques}}{\text{Número de impressões}} \times 100$$

- Número de cliques: total de vezes que os usuários clicaram em uma recomendação ou oferta apresentada.
- Número de impressões: total de vezes que a recomendação foi exibida na tela dos usuários.

Exemplo:

Suponha que o iFood tenha implementado um sistema de recomendação de pratos no app e, em um mês, exibiu essas recomendações 500 milhões de vezes (impressões). Destas, 25 milhões de recomendações resultaram em cliques dos usuários. Assim, temos:

$$CTR = \frac{25.000.000}{500.000.000} \times 100 = 5\%$$

Um CTR de 5% significa que 5 em cada 100 recomendações exibidas resultaram em um clique. O *benchmark* muda em função do canal, no entanto algo entre 3 e 5% é bem positivo.

- Taxa de conversão (*conversion rate*)

Essa taxa mede a proporção de usuários que realizaram uma ação desejada (como uma compra) em relação ao total de usuários que interagiram com uma recomendação ou oferta. A conversão é uma métrica crucial para avaliar a efetividade de uma campanha ou recomendação, indicando se ela conseguiu levar os usuários a concluírem o processo de compra.

> Como medir a taxa de conversão:
>
> $$\text{Taxa de conversão} = \frac{\text{Número de usuários que converteram}}{\text{Número total de usuários que interagiram}} \times 100$$
>
> - Número de usuários que converteram: total de usuários que realizaram a ação desejada (ex.: pedidos feitos a partir das recomendações).
> - Número total de usuários que interagiram: total de usuários que clicaram na recomendação, mas nem todos concluíram uma compra.

Exemplo:

Considere que, dos 25 milhões de cliques gerados pelas recomendações no exemplo anterior, 5 milhões levaram a um pedido finalizado no iFood. Isso nos leva a:

$$\text{Taxa de conversão} = \frac{5.000.000}{25.000.000} \times 100 = 20\%$$

Uma taxa de conversão de 20% indica que 1 em cada 5 cliques resultou em um pedido, o que sugere que, além de atrair cliques (alta CTR), as recomendações também geram novas vendas.

O aumento de receita é um reflexo direto da melhoria no CTR e na taxa de conversão, potencializado pela IA. À medida que os modelos de IA são otimizados para recomendações mais precisas e personalizadas, o CTR e a taxa de conversão aumentam, gerando mais pedidos a partir do mesmo conjunto de recomendações e criando um ciclo de crescimento contínuo.

No caso do iFood, a implementação da personalização com IA resultou em 200 mil pedidos adicionais mensais, com um ticket médio de 50 reais, o que gerou 120 milhões de reais a mais em receita anual (cálculo a seguir). Esse exemplo evidencia o impacto financeiro transformador da IA na performance de produtos existentes.

$$\text{Aumento de receita} = (\text{Receita mensal adicional}) \times (\text{Número de meses})$$

Receita mensal adicional = 200.000 × 50 = 10.000.00 (10 milhões de reais)
Aumento de receita anual = 10.000.000 × 12 = 120.000.000 (120 milhões de reais)

- O custo de aquisição de clientes (CAC) mede quanto é gasto para conquistar um novo cliente. Com IA, as empresas segmentam melhor os públicos com maior chance de conversão, ajustando o orçamento com precisão e eliminando desperdícios. Isso torna o processo de aquisição mais eficiente, reduzindo o CAC ao direcionar os esforços para os clientes certos.

Como medir o CAC:

$$CAC = \frac{\text{Custo total de marketing e vendas}}{\text{Número de novos clientes adquiridos}}$$

- Custo total de marketing e vendas: todos os custos relacionados à aquisição de clientes, como anúncios, campanhas e comissões de vendas.
- Número de novos clientes adquiridos: total de novos clientes gerados no período.

Exemplo:

Imagine que uma empresa antes gastava 1 milhão de reais em marketing para adquirir 10 mil novos clientes, resultando em um CAC de 100 reais por cliente. Após implementar IA para segmentação e personalização, a empresa consegue adquirir 15 mil clientes com o mesmo investimento de 1 milhão de reais. Desse modo, temos:

$$CAC = \frac{1.000.000}{15.000} = 66,67 \text{ (reais por cliente)}$$

A IA reduziu o CAC de R$ 100 para R$ 66,67 por cliente, uma redução de aproximadamente 33%. Esse resultado permite adquirir mais clientes com o mesmo orçamento, aumentando a eficiência de aquisição.

Maximização do valor do cliente com IA

- **Melhora do desempenho:** o *cross-selling* e *upselling*

O *cross-selling*, ou venda cruzada, consiste em oferecer produtos ou serviços complementares ao que o cliente já está comprando. Por exemplo, na venda de um notebook, sugerir um software antivírus ou uma garantia estendida seria uma estratégia de *cross-selling*. Já o *upselling* incentiva o cliente a adquirir uma versão mais avançada ou premium do notebook, com maior capacidade de armazenamento ou desempenho superior.

A base para o sucesso dessas estratégias é a otimização do mix de produtos, que assegura que os itens mais relevantes e de maior demanda estejam disponíveis para serem oferecidos. Com a IA, essa prática se torna ainda mais eficaz, pois o sistema analisa o comportamento do cliente e ajusta as ofertas em tempo real, garantindo que cada recomendação seja personalizada e com alta probabilidade de conversão.

Já deu para perceber a importância das duas estratégias, certo? Então, vamos ver como se calcula aumento de receita e margem com *cross-selling* e *upselling*. Para começar, suponhamos que uma empresa venda notebooks em seu e-commerce, com um preço de R$5.000 a uma margem de 10%. Vamos comparar cenários com e sem o uso de IA no processo de definição de ofertas.

- **Sem o uso de IA:** nessa abordagem genérica, a taxa de aceitação é de 5% para produtos complementares e 2% para versões premium.
- **Impacto financeiro sem IA:**
- *Cross-selling*: 5% dos 100 mil clientes compram um software antivírus de 300 reais com uma margem de 50%. Isso representa:
  - **Receita adicional:** 5.000 x R$ 300 = R$ 1.500.000
  - **Margem adicional:** 5.000 x R$ 150 = R$ 750.000
- *Upselling*: 2% dos clientes escolhem a versão premium do notebook, que custa 6 mil reais com uma margem de 15%. Isso representa:
  - **Receita adicional:** 2.000 x (R$ 6.000 - R$ 5.000) = R$ 2.000.000
  - **Margem adicional:** 2.000 x (R$ 900-500) = R$ 800.000

Com uso de IA: a IA personaliza as ofertas analisando o comportamento de navegação, o histórico de compras e dados em tempo real.

- *Cross-selling:* 20% dos compradores de notebooks aceitam a oferta de um software antivírus de 300 reais.
  - **Receita adicional:** 20.000 x R$ 300 = R$ 6.000.000
  - **Margem adicional:** 20.000 x R$ 150 = R$ 3.000.000
- *Upselling:* a IA identifica que 10% dos clientes valorizam alto desempenho e sugere a versão premium do notebook.
  - **Receita adicional:** 10.000 x (R$ 6.000 - R$ 5.000) = R$ 10.000.000
  - **Margem adicional:** 10.000 x (R$ 900-500) = R$ 4.000.000

Comparação de impacto:

Estratégia	Receita adicional sem IA	Receita adicional com IA	Margem adicional sem IA	Margem adicional com IA
Cross-selling	R$ 1.500.000	R$ 6.000.000	R$ 750.000	R$ 3.000.000
Upselling	R$ 2.000.000	R$ 10.000.000	R$ 800.000	R$ 4.000.000
Total	R$ 3.500.000	R$ 16.000.000	R$ 1.550.000	R$ 7.000.000

- *Lifetime value* (LTV) representa o valor total que um cliente gera para a empresa ao longo de seu relacionamento. Com dados e inteligências é possível prever o comportamento dos clientes e agir de maneira proativa para evitar cancelamentos, usando estratégias de retenção para aumentar a frequência de compras e prolongar o relacionamento.

Como medir o *lifetime value*:

LTV = Ticket médio × Frequência de compras × Duração do relacionamento

- Ticket médio: valor médio gasto pelo cliente por pedido.
- Frequência de compras: número de compras realizadas em um período de tempo.
- Duração do relacionamento: tempo médio em que o cliente permanece ativo (meses ou anos).

Exemplo de como a IA pode aumentar o LTV:

Imagine que, antes da implementação de IA, o LTV médio de um cliente era calculado assim:

- **Ticket médio:** 50 reais por pedido
- **Frequência de compras:** duas vezes por mês
- **Duração do relacionamento:** doze meses

$$LTV = 50 \times 2 \times 12 = 1.200 \text{ (reais)}$$

Após implementar a IA para personalização e ações de retenção, a empresa conseguiu aumentar a frequência de compras para três vezes por mês e a duração do relacionamento para dezoito meses:

$$LTV = 50 \times 3 \times 18 = 2.700 \text{ (reais)}$$

O uso de IA aumentou o LTV de 1,2 mil para 2,7 mil reais, um aumento de 125%. Isso significa que cada cliente está gerando mais valor ao longo de seu ciclo de vida, o que aumenta a receita total e justifica maiores investimentos em estratégias de retenção.

A relação LTV/CAC ajuda a entender de forma macro o impacto da IA na eficiência de aquisição e retenção. Quando o valor de LTV/CAC é alto, significa que o retorno gerado por cada cliente é significativamente maior do que o custo para adquiri-lo.

$$\text{Relação LTV/CAC} = \frac{LTV}{CAC}$$

Uma relação LTV/CAC acima de 3 é geralmente considerada saudável, e, à medida que os investimentos em IA crescem no campo de produtos e oferta, espera-se um crescimento forte desse fator.

Neste capítulo, exploramos como quantificar o impacto da inteligência artificial nas métricas tradicionais de negócios, como tempo de lançamento de novos produtos, CAC, LTV e aumento de receita. Demonstramos como essas métricas podem ser adaptadas para medir com precisão o valor gerado pelos investimentos em IA, com foco em inovação e aumento de produtividade. Por meio de exemplos práticos, destacamos a importância de monitorar e justificar esses ganhos para garantir que a transformação digital se traduza em resultados tangíveis.

No próximo capítulo, aprofundaremos a análise das supermétricas, que revelam o efeito exponencial da IA na produtividade e no valor da empresa, oferecendo uma visão ainda mais abrangente do ROI e impacto nos negócios.

A CREDIBILIDADE SURGE DOS DESAFIOS SUPERADOS E DOS DADOS SÓLIDOS QUE COMPROVEM O VALOR GERADO.

IA PARA LÍDERES: DO CONCEITO À REALIDADE

11

Da hype ao ROI: supermétricas de produtividade e valor com IA

Embora empresas ao redor do mundo estejam investindo bilhões de dólares em inteligência artificial, muitas ainda não conseguem mensurar claramente os resultados desses investimentos. Segundo pesquisa, 41% das empresas têm problemas para quantificar o valor gerado por projetos de IA generativa, por exemplo.[52]

Para mudar essa realidade é preciso adotar a produtividade como métrica central e, assim, medir o ROI gerado pela tecnologia. Produtividade é a relação entre os recursos utilizados – como pessoas, tempo e tecnologia (inputs) – e os resultados obtidos – como receitas, produtos ou serviços (outputs). Ao agir assim, as organizações são capazes de mensurar aumentos de eficiência com objetividade, traduzi-los em resultados financeiros claros e conectar esses ganhos às prioridades estratégicas.

Neste capítulo, vamos explorar como calcular os ganhos de produtividade e valor gerados pela IA de maneira quantitativa e como traduzir esses resultados em ROI claro para a liderança e o conselho.

Quantificando o aumento de produtividade e valor com IA

Para medir e gerenciar o aumento de produtividade e valor gerado pela IA, é necessário seguir um processo estruturado em duas etapas principais.

---

[52] DELOITTE Study: Seven Out Of Ten Global Leaders Report Their Organization Is Increasing Its Investment In Generative AI. **Deloitte**, 21 jan. 2025. Disponível em: https://www2.deloitte.com/ro/en/pages/about-deloitte/articles/studiu-deloitte-sapte-din-zece-lideri-globali-sustin-ca-organizatiile-lor-cresc-investitiile-inteligenta-artificiala-generativa.html. Acesso em: 25 jan. 2025.

O primeiro passo é o planejamento, que envolve a definição de objetivos claros, utilizando o índice de penetração de IA (AIP[53]) para medir a adoção da tecnologia e projetar ganhos de produtividade esperados (ΔP).

No passo 2, os objetivos devem ser calibrados por meio de duas fases distintas: provas de conceito (POCs) e durante a implantação em escala, que marca o ponto T da metodologia PATX. As POCs testam cenários reais para validar os ganhos projetados, ajustar expectativas e identificar gargalos antes da implementação em larga escala. Após a validação das POCs, a implantação em escala é iniciada, na qual é vital calcular os ganhos reais de produtividade e comparar os resultados reais com as estimativas iniciais. Durante essa fase, deve-se fazer ajustes estratégicos como expandir investimentos em áreas de sucesso, redirecionar esforços para processos mais críticos ou refinar a abordagem podem ser realizados. Essa abordagem iterativa garante que a organização capture ganhos progressivos de produtividade, criando valor mensurável e sustentável no longo prazo.

A seguir, vamos explorar cada passo em detalhe, começando pela definição e calibração dos objetivos esperados.

Passo 1: Planejamento – definindo objetivos, projeções e métricas

Definindo o índice de penetração de IA (AIP)

Para auxiliar as organizações na estimativa do aumento de produtividade esperado com a adoção da inteligência artificial, desenvolvemos um modelo que utiliza o AIP como variável central. Esse índice quantifica a penetração da tecnologia na empresa com base tanto nas funções desempenhadas por pessoas e apoiadas por copilotos funcionais, quanto os processos automatizados por agentes de IA.[54]

O AIP possibilita projetar ganhos de produtividade nas fases iniciais, antes da implementação plena, e fundamentar um *business case* robusto para

---

[53] AIP do inglês AI penetration.

[54] Caso sinta necessidade, consulte os capítulos 3 e 5 de novo, nos quais abordamos, respectivamente, os conceitos de copilotos e agentes de IA em detalhes.

o investimento. Assim, ajuda as organizações a transformarem a abstração comum em projetos de transformação, em métricas tangíveis, facilitando a quantificação do progresso na adoção tecnológica. Além disso, a métrica possibilita comparar o desempenho da empresa ao longo do tempo e alinhar investimentos estratégicos aos resultados esperados. Outro benefício importante é a oportunidade de contrastar os índices internos com *benchmarks* de mercado, fornecendo um direcionamento claro para aprimorar a maturidade organizacional no uso da IA.

O AIP pode ser aplicado tanto em uma perspectiva macro, para avaliar o nível geral de maturidade em IA da empresa (conversamos sobre esse níveis no capítulo 4), quanto em uma perspectiva granular, focando a análise de áreas específicas, como vendas ou operações. Essa flexibilidade permite que as empresas tenham uma compreensão clara de seu estágio atual, além de permitir a identificação precisa de prioridades para investimentos futuros e lacunas estratégicas que precisam ser abordadas.

Como calcular a **AIP**: [55]

$$AIP = (\% \, Cop \times w_1) + (\% Ag \times w_2)$$

- **% Cop** e o **% Ag**: medem a penetração de copilotos e agentes de IA em função da quantidade total de funções e processos de uma empresa, respectivamente.
- **w_1** e **w_2**: são os pesos atribuídos a cada métrica, refletindo a importância relativa de copilotos e agentes para a organização.

Importante: os pesos devem somar 1. A definição dos pesos para copilotos e agentes de IA deve estar alinhada ao setor, foco estratégico da empresa e ao uso específico da IA em suas operações. Se a prioridade é suportar atividades que demandam decisões humanas, criatividade e interações complexas, como vendas e marketing, o peso atribuído a copilotos (w1) deve ser maior. Por outro lado, se a automação de processos operacionais para reduzir custos e acelerar a operação é o foco, como em manufatura ou logística, o peso

---

[55] O uso de chats generativos *off-the-shelf*, sem conexão com dados proprietários ou integração com sistemas e processos internos, não é considerado válido para esta análise de AIP.

de agentes de IA (w2) deve ser maior. Para determinar os pesos ideais, é fundamental avaliar o impacto de cada tecnologia nas metas estratégicas, considerando a relevância de funções usando copilotos *versus* processos automatizados e o impacto financeiro gerado por cada um.

Cálculo AIP em nível macro: maturidade corporativa

Exemplo de cálculo de maturidade de IA de uma empresa assumindo o seguinte cenário:

- **Total de funções:** 10.
- **Nº de funções com copilotos:** 2 (vendas e marketing).
- **Total de processos na organização:** 100.
- **Nº de processos automatizados por agentes:** 10 (atendimento ao cliente, processamento de pedidos, avaliação de crédito, controle de inventário etc.).

Aplicando os valores nas fórmulas temos:

$$\% Cop = \frac{\text{Número de funções com copilotos}}{\text{Total de funções}} \times 100$$

$$\% Cop = \frac{2}{10} \times 100 = 20\%$$

$$\% Ag = \frac{\text{Número de processos automatizados}}{\text{Total de processos}} \times 100$$

$$\% Ag = \frac{10}{100} \times 100 = 10\%$$

Com base nos resultados de 20% e 10% de Cop e Ag, respectivamente, a empresa decide utilizar pesos iguais de 0,5, pois, apesar de operar na área industrial, também conta com um grande efetivo de colaboradores na parte de serviços, cujas funções não podem ser totalmente automatizadas. Assim, o AIP:

$$AIP = (20\% \times 0,5) + (10\% \times 0,5) = 10\% + 5\% = 15\%$$

O *benchmark* de AIP para o curto prazo (2024-2030) de uma empresa deve estar entre 15%–40% de penetração efetiva de IA.[56] Portanto, um AIP de 15% indica que a empresa está em um estágio inicial de maturidade na adoção de IA, com avanços importantes, mas ainda longe de explorar todo o potencial transformador da tecnologia.

A medição do AIP no início de uma transformação com IA é fundamental, pois é um parâmetro numérico para que uma empresa possa definir mais claramente seu estágio de maturidade para se tornar AI First. Para acompanhar a evolução, o indicador deve ser recalculado pelo menos a cada três meses.

Cálculo do AIP em nível departamental

O indicador também pode ser usado para mapear a penetração de IA em áreas específicas, como vendas. Nesse caso, mapeamos todos os cargos e funções dentro do departamento, identificando quantos deles estão de fato utilizando copilotos, bem como os processos e quais deles estão automatizados com agentes.

Por exemplo, uma área comercial pode incluir os seguintes cargos:

- **Executivos de conta:** profissionais responsáveis por gerenciar relacionamentos com clientes estratégicos;
- **SDRs (sales development representatives):** equipe que faz hunting de novos negócios;
- **Vendedores internos:** realizam vendas por canais digitais ou remotos;
- **Engenheiros de vendas:** oferecem suporte técnico durante o processo de vendas;
- **Gerentes de contas:** elaboram cotações e configuram ofertas personalizadas.

Suponhamos que, na mesma empresa, de um total de cinquenta profissionais na área de vendas, doze usam copilotos de IA (24%), e que há um total de cinquenta processos mapeados nessa área – exemplos incluem: qualificação de *leads* e entrada automática de pedidos –, dos quais quatro são automatizados por agentes de IA (8%). Considerando pesos atribuídos de $w_1 = 0{,}7$ para copilotos e

---

[56] O detalhamento dos critérios e de modelo de formação de *benchmark* estão no material suplementar deste livro À medida que a IA se desenvolve, este benchmark irá se ajustar..

$w_2 = 0{,}3$ para agentes, e priorizando copilotos devido à importância de funções humanas na área comercial, temos:

$$AIP = (0{,}7 \times 24\%) + (0{,}3 \times 8\%)$$
$$AIP = 16{,}8\% + 2{,}4\% = 19{,}2\%$$

O AIP departamental seria de aproximadamente 19%, refletindo um estágio mais avançado de adoção de IA na área de vendas em relação à média da empresa, que está em 15%.

Estimando o aumento de produtividade (ΔP) por meio do AIP

Com o conceito e cálculo do AIP em mãos, é possível projetar os deltas de produtividade esperados. Esse processo é fundamental para que as empresas possam definir metas realistas e mensuráveis de ganhos com a adoção da IA e resultados financeiros tangíveis. Para isso, desenvolvemos um modelo matemático baseado na relação entre o AIP e o aumento de produtividade esperado.

Como medir ΔP:

$$\Delta \text{Produtividade}(\%) = k \times (AIP_{esperado} - AIP_{inicial})$$

- AIP inicial: índice de penetração de IA atual.
- AIP esperado: índice de penetração de IA esperado após novos investimentos.
- k: fator multiplicador que indica quanto a produtividade melhora à medida que a penetração da IA aumenta.

Detalhe importante: o valor médio de k = 0,45 é definido com base em análises de empresas que implementaram IA.[57]

---

[57] Haverá ajustes dinâmicos on-line no material de apoio à medida que os estudos e cálculos avancem e amadureçam. Recomenda-se sempre consultar a versão on-line para considerar o valor mais recente e atualizado de k para suas projeções.

Aplicando o AIP e ΔP para estimar o impacto da IA

Agora, vamos analisar um exemplo de como se aplicam o AIP e ΔP para estimar o impacto da IA. Considere a empresa Cobal Engineering.[58] Ela está avaliando um investimento estratégico no valor de 15 milhões de reais, a ser realizado ao longo de três anos em seu parceiro de CRM. O objetivo principal é expandir a penetração da IA por meio de copilotos que apoiarão funções-chave dentro da organização. Atualmente, a área de vendas é responsável pela totalidade do faturamento anual da empresa, estimado em 300 milhões de reais. Esse montante inclui todas as receitas geradas diretamente pelo time comercial, abrangendo prospecção, negociação e fechamento de negócios.

O vice-presidente de vendas e sua equipe estabeleceram uma meta ambiciosa: aumentar o AIP de 10% para 25% nos próximos anos. O investimento busca não apenas melhorar a produtividade da equipe de vendas, mas também entender, de maneira mensurável, os ganhos financeiros para a empresa e o ROI.

Para medir e projetar ganhos de produtividade com IA, é essencial identificar as funções e processos impactados, definir métricas claras e projetar os resultados esperados com base em ganhos de produtividade. A abordagem segue as seguintes etapas integradas:

- **Identificação de funções e processos impactados pela IA:** é preciso mapear as funções e processos específicos que serão impactados pelos copilotos e agentes de IA na área comercial. No caso da área comercial da Cobalt, as funções dos executivos de vendas, vendedores internos e gerentes de propostas desempenham atividades-chave que contribuem diretamente para os resultados de negócio e que serão otimizadas com o incremento do AIP.
- **Determinar produtividade atual em nível de atividades:** deve-se estabelecer métricas de produtividade e resultados de base para comparações futuras, o que envolve medir os recursos utilizados

---

[58] Estudo com base em papers de empresas que adotaram IA e seus ganhos de produtividade. A fim de preservar a confidencialidade do caso, mas apresentar uma situação real, o nome da empresa foi alterado.

(input), o volume atual de atividade e os resultados obtidos atualmente (output). Esses números e base são elementos-chave, e devem ser, com frequência, extraídos de um CRM. Na Cobalt, as principais funções, atividades e output estão resumidas na tabela a seguir:

Função	Número de pessoas	Produtividade atual diária/pessoa	Produtividade atual anual[59]	Receita média por atividade (R$)	Receita total anual (R$) = output financeiro atual
Executivos de vendas	10	1 visita	2.500 visitas	78.000	195.000.000
Vendedores internos	20	25 ligações	125.000 ligações	720	90.000.000
Gerentes de propostas	5	1 proposta	1.250 propostas	12.000	15.000.000
Total	35	Total de atividades	128.000	Total receita	300.000.000

[59] Assume-se um ano com 250 dias úteis.

Estimativa dos ganhos de produtividade (ΔP) geral e output financeiro projetado[60]

$$\Delta \text{Produtividade (\%)} = k \times (AIP_{esperado} - AIP_{inicial})$$

Substituindo os valores:
- k = 0,45 (usado para estabelecer uma estimativa inicial)
- AIP atual = 10%
- AIP esperado = 25% (*target* do VP de vendas)
- ΔProdutividade[61] = 0,45 × (25%–10%) = 0,45 × 15% = 6,75%[62]

Projeção do aumento de atividades após incremento do AIP e ΔP
- **Executivos de vendas:**
  Novas Atividades = 2.500×1,0675 ≈ 2.668.75 visitas/ano
- **Vendedores internos:**
  Novas Atividades = 125.000×1,0675 ≈ 133.437.75 ligações/ano
- **Gerentes de propostas:**
  Novas Atividades = 1.250×1,0675 ≈ 1.334.37 propostas/ano

Veja, no diagrama a seguir, como funciona este modelo de mapeamento de atividades, input e output antes e depois da IA, utilizando a função do executivo de vendas como referência.

---

[60] Nesse caso, em todo o Departamento de Vendas. O mesmo modelo pode ser aplicado para qualquer departamento da empresa que esteja seguindo a metodologia.

[61] Média geral projetada do departamento.

[62] Esta é uma primeira estimativa a ser validada com provas de conceito gerais na empresa antes de qualquer decisão de investimento.

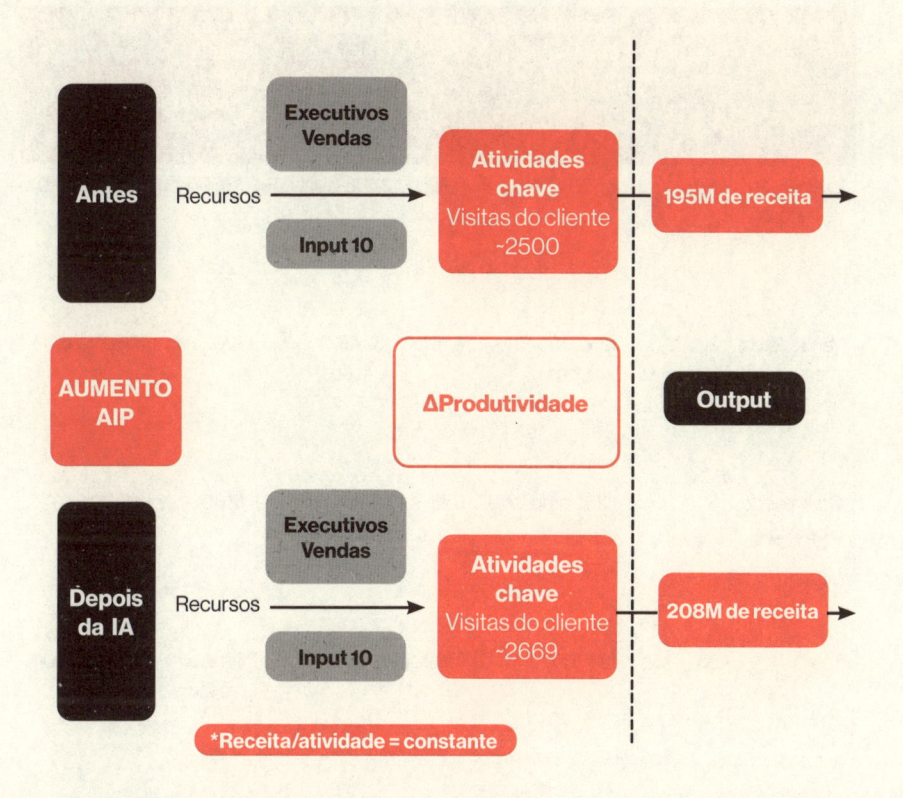

Antes → Recursos → Executivos Vendas / Input 10 → **Atividades chave** Visitas do cliente ~2500 → 195M de receita

AUMENTO AIP — ΔProdutividade — Output

Depois da IA → Recursos → Executivos Vendas / Input 10 → **Atividades chave** Visitas do cliente ~2669 → 208M de receita

*Receita/atividade = constante

O impacto financeiro com o aumento de produtividade resulta da multiplicação do volume de atividades após o aumento do AIP e ΔP pelo valor médio de receita unitária de cada atividade.[63]

---

[63] Este é um valor real que a empresa deve medir independentemente dos projetos de tecnologia, pois forma uma base de gestão analítica de vendas. Nesse caso e em outras funções, representa o output financeiro de qualquer função na organização.

Função	Número de pessoas	Produtividade atual anual	ΔP (%)	Produtividade projetada anual	Receita média por atividade (R$)	Nova receita total projetada anual (R$)
Executivos de vendas	10	2.500 visitas	6,75%	2.668 visitas	78.000	208.162.500
Vendedores internos	20	125.000 ligações	6,75%	133.437 ligações	720	96.075.000
Gerentes de propostas	5	1.250 propostas	6,75%	1.334 propostas	12.000	16.012.500
Total	35	128.750 / ano		Total de atividades 137.441	Total receita	320.250.000

O investimento de 5 milhões de reais ao ano nos próximos três anos, totalizando 15 milhões de reais, tem um potencial de gerar R$ 320.250.000 em valor adicional ao ano. Os ganhos projetados de receita são calculados com base no incremento do número de atividades, como referência inicial, o que é propositaI para forçar as organizações a isolar e mensurar precisamente os benefícios gerados pela IA.

Geração do *business case* para análise de investimento em IA

Seguiremos utilizando o case da Cobalt como embasamento do modelo de *business case* que apresentará o ROI, o valor presente líquido (NPV) e período de retorno (*payback period*) do projeto.

Caso você não esteja familiarizado com matemática financeira, não se preocupe. No material de apoio do livro, disponibilizaremos um modelo no qual você poderá inserir os números e os cálculos serão feitos de maneira automática.

Ainda assim, é fundamental compreender alguns conceitos básicos para alinhar-se com a área financeira da sua empresa. Além disso, antes de realizar um investimento significativo em IA, o modelo lhe dará argumentos poderosos para exigir que seus fornecedores de tecnologia se comprometam com a criação de valores concretos e tangíveis para o seu negócio.

Cálculo dos indicadores financeiros
Determinando a estruturada do fluxo de caixa para as análises:

A projeção de aumento de receita anual é de 20.250.000 de reais. No entanto, é prudente considerar que, no início, haverá um período de *ramp-up*[64] das soluções – incluindo treinamento, adaptação e transição entre diferentes modelos de fluxo de trabalho. É por isso assumir que apenas 50% dos ganhos serão concretizados no primeiro ano traz maior realismo à elaboração dos cálculos.

Ano	Ganho de receita incremental (VT)	Custo de implementação (IC)	Fluxo de caixa líquido (VT–IC)	Notas
0	R$ 0	R$ 5.000.000	R$ -5.000.000	Investimento inicial
1	R$ 10.125.000	R$ 5.000.000	R$ 5.125.000	*Ramp-up* de 50%
2	R$ 20.250.000	R$ 5.000.000	R$ 15.250.000	Ganho pleno
3	R$ 20.250.000	R$ 0	R$ 20.250.000	Investimento concluído, ganho pleno

- **NPV (valor presente líquido):** calcula o valor total que o projeto gerará ao longo do tempo, considerando o custo do dinheiro no futuro. Ele responde à pergunta: "Quanto esse projeto vale hoje, descontando a inflação e o custo de oportunidade?".

---

[64] *Ramp-up* é um período em que os resultados de um plano de negócio acontecem de forma mais lenta.

Como calcular o **NPVx**

$$NPV = \sum_{t=0}^{n} \frac{\text{Fluxo de caida no ano } t}{(1+i)^t}$$

- **Fluxo de caixa no ano t**: fluxo de caixa líquido no ano t
- **i:** taxa de desconto[65]
- **n:** número de períodos

Se taxa de desconto (i)= (10)(%,) então:

$$NPV = \frac{VT_0}{(1+i)^0} + \frac{VT_1}{(1+i)^1} + \frac{VT_2}{(1+i)^2} + \frac{VT_3}{(1+i)^3}$$

$$NPV = \frac{-5.000.000}{1} + \frac{5.125.000}{1,10} + \frac{15.250.000}{(1,10)^2} + \frac{20.250.000}{(1,10)^3} \approx R\$\ 27.485.504$$

O valor positivo do NPV de 27.485.504 de reais indica que o projeto é financeiramente viável e que, após considerar o custo inicial do investimento (15 milhões de reais), o valor presente dos ganhos futuros (ajustados pela taxa de desconto de 10%) é maior do que o investimento realizado.

- **ROI:** mede a relação entre o valor total gerado pela solução de IA e o custo de implementação da solução.

Como calcular o ROI no período todo:

$$ROI = \left(\frac{VT - IC}{IC}\right) \times 100$$

- VT: valor total gerado
- IC: custo de implementação

---

[65] A taxa de desconto no cálculo do NPV representa a rentabilidade mínima esperada de um investimento. Ela reflete o custo de oportunidade do capital e ajuda a avaliar se o projeto é mais vantajoso do que outras opções de investimento.

Assim, com o VT 50.625 milhões de reais(soma dos ganhos de receita incremental) e o IC de 15 milhões de reais, temos:

$$ROI = \left(\frac{50{,}625 - 15}{15}\right) \times 100\% = 237{,}5\%$$

Um ROI de 237,5% significa que, para cada 1 real investido, a empresa gerou 2.375 de reais de retorno líquido.

- **Período de retorno:** mede o tempo necessário para que o investimento inicial seja recuperado. Ele ajuda a responder: "Quando o projeto começará a gerar lucro?".

Cálculo do fluxo de caixa acumulado:

Ano	Fluxo de caixa líquido	Fluxo de caixa acumulado
0	−R$ 5.000.000	−R$ 5.000.000
1	R$ 5.125.000	−R$ 5.000.000 + R$ 5.125.000 = R$ 125.000
2	R$ 15.250.000	R$ 125.000 + R$ 15.250.000 = R$ 15.375.000
3	R$ 20.250.000	R$ 15.375.000 + R$ 20.250.000 = R$ 35.625.000

- **Investimento total a recuperar:** R$ 15.000.000
- **Após o Ano 1, fluxo acumulado:** R$ 125.000
- **Valor restante a recuperar:** R$ 15.000.000 - R$ 125.000 = R$ 14.875.000
- **Ano 2, fluxo de caixa líquido:** R$ 15.250.000
- **Cálculo do tempo adicional no ano 2:**

Cálculo do tempo adicional no ano 2

$$\text{Tempo adicional} = \frac{\text{Valor restante a recuperar}}{\text{Fluxo de caixa do ano 2}} = \frac{R\$ 14.875.000}{R\$ 15.250.000} = +0{,}976 \text{ anos}$$

Assim, *payback period* total:

Payback eriod = 1 (Ano 1) + 0,976 anos (parte do Ano 2) = 1,976 anos ~ 1 ano e 11,7 meses

Isso significa que, antes do final do segundo ano, todos os custos iniciais terão sido recuperados pelos fluxos de caixa gerados pelo projeto de AI.

> **Resumo das análises financeiras**
> - NPV *positivo:* 27,49 milhões de reais, indicando viabilidade financeira sólida e atratividade do investimento.
> - ROI *elevado:* 237,5%, demonstrando um retorno significativo sobre o capital investido.
> - Payback *rápido:* aproximadamente dois anos para recuperar o investimento total.
>
> Esses resultados – estimados – demonstram que o investimento adicional que a Cobalt está considerando trará retornos financeiros sólidos, justificando plenamente sua execução, caso a empresa de fato consiga executar os ganhos de produtividade esperados.

Passo 2: Testes piloto – validando projeções e ajustando estratégias

No Passo 2, as projeções feitas no Passo 1 são validadas. O processo é dividido em duas fases: provas de conceito (POCs) e o início da implantação em escala, que marca o ponto T da metodologia PATX.

Fase 1: Provas de conceito (POCs)

As POCs são fundamentais para validar as projeções iniciais em cenários reais, permitindo ajustes estratégicos e identificando gargalos antes da implementação em larga escala.

Configuração e execução das POCs

- **Seleção de atividades-chave:** escolher processos que impactam diretamente os resultados financeiros, como visitas a clientes, chamadas de prospecção e propostas comerciais.

- **Fonte central de dados:** um sistema de base confiável é indispensável para medir as atividades antes e depois das intervenções com IA. No caso de vendas, um CRM deve servir como fonte central e repositório dos números de atividades. Para outras áreas, como *supply chain* ou desenvolvimento de produtos, sistemas como ERP ou Jira devem ser usados.
- **Centro de controle geral:** nesta parte do processo, os analistas de produtividade de IA devem dedicar 100% de seu tempo a medir, monitorar e analisar números antes e depois da intervenção em todas as atividades-chave mapeadas para otimização com IA. Esses profissionais garantem que as decisões sejam tomadas com base em dados concretos e que os objetivos estratégicos sejam atingidos de forma rigorosa.

Medição de resultados

Durante as POCs, que devem durar no mínimo 90 dias, é essencial monitorar os números em dois momentos:

- **Após 45 dias:** medir o progresso inicial para identificar possíveis ajustes.
- **Após 90 dias:** realizar a avaliação final para comparar os resultados reais com as projeções iniciais e validar a viabilidade do projeto.

Avaliação após 45 dias de teste:

	Volume de atividades atual antes da IA	A produtividade esperada (%)	Volume de atividades meta com IA	Volume real de atividades medido no CRM	A produtividade real (%)
Visitas a clientes realizadas	2.500 visitas	6,75%	2.668 visitas	2.635	5,4%
Chamadas de prospecção	125.000 ligações	6,75%	133.437,75 ligações	131.750	5,4%
Propostas comerciais criadas	1.250 propostas	6,75%	1.334 propostas	1.317	5,4%

Após 45 dias de testes, os resultados de produtividade ficaram 20% abaixo do esperado, com um ganho real de 5,4%, em vez dos 6,75% projetados. Esse desempenho reflete os desafios comuns enfrentados por empresas em estágios iniciais de adoção da IA, como a adaptação da equipe e a falta de maturidade tecnológica. Embora seja normal que os resultados iniciais fiquem abaixo das projeções, foi realizada uma análise detalhada para identificar os problemas que contribuíram para o desempenho reduzido.

- **Problemas identificados:** a baixa adesão aos novos processos foi um dos principais problemas, com parte significativa da equipe, como os gerentes de proposta, não utilizando o copiloto de IA para tarefas críticas, preferindo métodos manuais, como planilhas e redações próprias. Essa resistência às mudanças refletiu uma falta de alinhamento com os objetivos estratégicos. Além disso, a supervisão e controle insuficientes por parte dos supervisores de vendas agravaram o cenário, já que eles não monitoraram ativamente o uso da tecnologia nem reforçaram os novos processos, permitindo que os colaboradores mantivessem hábitos antigos e dificultando a transição. Por fim, o treinamento ineficaz foi identificado como uma falha importante, pois não preparou os colaboradores de modo adequado para adotar o copiloto de IA, resultando em baixa confiança e dificuldade no uso da ferramenta.

- **Ações corretivas implementadas:** a revisão do treinamento foi uma medida essencial, com o conteúdo reformulado para ser mais prático e focado nos desafios específicos de cada função. Sessões adicionais foram realizadas para demonstrar com clareza como o copiloto pode facilitar tarefas críticas, como o cálculo de cotações e a elaboração de propostas. A supervisão ativa e o alinhamento de objetivos também foram fortalecidos, capacitando supervisores para atuar como agentes de mudança, com KPIs definidos para monitorar o uso do copiloto e campanhas de comunicação para reforçar os benefícios esperados e o impacto positivo da IA nas metas organizacionais. Além disso, o feedback contínuo e a melhoria dos processos foram priorizados, com reuniões regulares para identificar dificuldades e ajustes necessários, além de destacar os primeiros adotantes bem-sucedidos para inspirar o restante da equipe. Por fim, o envolvimento da liderança foi fundamental, com um engajamento ativo no acompanhamento e reforço da importância do copiloto como parte da transformação tecnológica da empresa. Durantes os próximos 45 dias após esses ajustes, os resultados foram bem favoráveis.

Avaliação após 90 dias de teste:

	Volume de atividades atual antes da IA	A produtividade esperada (%)	Volume de atividades meta com IA	Volume real de atividades medido no CRM	A produtividade real (%)
Visitas a clientes realizadas	2.500 visitas	6,75%	2.668 visitas	2.702	8,1%
Chamadas de prospecção	125.000 ligações	6,75%	133.437 ligações	135.125	8,1%
Propostas comerciais criadas	1.250 propostas	6,75%	1.334 propostas	1.351	8,1%

Os resultados do teste após 90 dias mostraram um incremento de produtividade de 8,1% e, comparados às projeções iniciais (6,75%), demonstram o valor de uma abordagem estruturada para validar projeções, ajustar estratégias e engajar a organização com base em dados concretos. Projeções bem fundamentadas e testes práticos não são apenas etapas de um processo, mas um meio de garantir que decisões sejam tomadas com confiança, e não por intuição.

A análise detalhada dos resultados foi essencial para identificar ajustes precisos que resultaram em uma performance acima do esperado. Com isso, a organização não apenas ajustou a trajetória do projeto, mas também criou um terreno sólido para engajar as equipes e alinhar diferentes áreas em torno de objetivos comuns. Quando os resultados são claros e mensuráveis, eles têm o poder de quebrar resistências, gerar alinhamento interno e, principalmente, construir um consenso em torno da transformação proposta.

Fase 2: Início da implantação em escala

Após a validação das POCs e recaligragem das metas e resultados, a implantação em escala é iniciada. Agora, o T de transformação da jornada PATX de fato começa a ganhar peso. É a fase crucial de apertar os cintos e começar a medir todos os números com rigorosidade.

Na implementação em larga escala, as fórmulas e metodologias utilizadas na fase de planejamento e teste – como o cálculo de produtividade real, volumetria de atividades e índices de impacto da IA – continuam sendo aplicadas com rigor. A diferença agora está no contexto: os números deixam de ser projeções controladas e passam a refletir a realidade operacional da empresa. Isso exige monitoramento contínuo, não apenas para validar as premissas do projeto, mas para embasar decisões estratégicas com precisão e dinamismo.

Os resultados reais obtidos na escala ampliada se tornam a base para repensar e transformar os elementos centrais do negócio. No caso de vendas, por exemplo, o aumento de produtividade levanta questões estratégicas que impactam diretamente as decisões futuras:

- **Metas e recursos:** com maior capacidade comprovada, é necessário ajustar as metas para refletir o potencial adicional. A empresa deve avaliar se há espaço para reduzir o tamanho das equipes, mantendo o mesmo nível de entrega, ou se é mais vantajoso ampliar a meta de receita, preservando o número atual de funcionários. O equilíbrio entre essas opções deve ser analisado com base nos impactos financeiros e operacionais.

- **Governança:** as metas revisadas precisam ser monitoradas com regularidade, idealmente com relatórios mensais que permitam um acompanhamento próximo e ágil. Já as questões financeiras, como revisões de orçamento e projeções de receita incremental, devem ser discutidas a cada trimestre, garantindo que a liderança tenha uma visão clara e acionável de como a IA está de fato impactando os negócios.

- **Custos e sustentabilidade:** é essencial manter os custos de implementação dentro do orçamento projetado. Caso os custos aumentem, o impacto deve ser proporcional aos ganhos de produtividade e receita para justificar o investimento. Mais recursos podem ser alocados, desde que respaldados por resultados sólidos que sustentem o retorno esperado.

Universalidade do AIP e do cálculo do ganho de produtividade

O modelo input > atividade > output, para se determinar o AIP e o Δ produtividade, consolida-se como um *framework* universal para medir o impacto da IA em diferentes setores e funções. Essa abordagem consistente permite conectar a transformação operacional gerada pela IA às métricas de negócio, independentemente do contexto organizacional.

A força do modelo está na simplicidade de sua lógica e na clareza de sua aplicação. Ao tomar as atividades como unidade central de análise, garante-se que os resultados possam ser medidos, comparados e escalados, possibilitando replicar a metodologia em qualquer área.

Replicando o framework em diferentes áreas

A flexibilidade do modelo input > atividade > output possibilita aplicá-lo a diversas funções, adaptando-se às especificidades de cada uma para se estimar o AIP e os ganhos de produtividade. A seguir temos um resumo de como isolar os efeitos da IA em outros departamentos, funções e atividades.

Área	Input	Atividades assistidas por IA	Output
Supply chain	Volume de pedidos	Processamento de pedidos com IA	Aumento no número de pedidos processados por período
Suporte ao cliente	Volume de chamados	Atendimento ao cliente	Aumento da taxa de resolução no primeiro contato (FCR) e redução no tempo médio de resolução
Customer experience (CX)	Número de feedbacks de clientes recebidos	Avaliação de feedback de clientes	Aumento no número de feedbacks avaliados por recursos em CX
Recursos humanos (RH)	Número de currículos recebidos	Avaliação de currículos	Redução no tempo de contratação e aumento da qualidade das contratações
Operações internas	Volume de notas à pagar	Pagamento de faturas	Aumento de faturas pagas em um mesmo período por pessoa

Vamos analisar mais um exemplo prático de como a tecnologia pode aumentar a produtividade na área da saúde. O objetivo é demonstrar que quando uma solução tecnológica tem bom desempenho, ela gera ROI positivo por meio do aumento direto da produtividade.

Aplicando o modelo de AIP e ΔP em *healthcare*: caso do Hospital Human Lif

O Hospital Human Lif[66] enfrentava desafios críticos no diagnóstico precoce de doenças devido ao aumento do volume de exames e à sobrecarga dos médicos. Isso resultava em atrasos nos diagnósticos, redução na acurácia e comprometimento da confiança dos pacientes. Antes da introdução da IA, o hospital analisava mil imagens por mês, com uma taxa de acerto de 70% – totalizando 700 diagnósticos corretos – e um tempo médio de 48 horas por exame. Para melhorar a eficiência no atendimento, o hospital implementou copilotos de IA pela primeira vez, para auxiliar os médicos na análise de imagens médicas. A aplicação do AIP e do ΔP nesse contexto permite quantificar os ganhos obtidos com a IA, focando a atividade central de diagnóstico.

Etapa 1: Projeção de produtividade utilizando o AIP e o ΔP

Após mapear as atividades, identificou-se que 20% das funções médicas poderiam ser apoiadas por copilotos de IA, resultando em um AIP de 20%. Com um fator de produtividade (k) de 0,45, o ganho de produtividade esperado (ΔP) foi estimado em:

$$\Delta P = k \times (AIP_{esperado} - AIP_{inicial}) = 0{,}45 \times (20\% - 0\%) = 9\%$$

A projeção indicava que, após um ano, o hospital aumentaria sua capacidade de análise em 9%, passando a analisar 1.090 imagens por mês, reduziria o tempo médio por imagem para 43,68 horas e elevaria a acurácia dos diagnósticos.

---

[66] A fim de preservar a confidencialidade do caso, mas apresentar uma situação real, o nome da empresa foi alterado.

Etapa 2: Implementação e medição dos resultados reais

Medição da produtividade após seis meses

Seis meses após a implementação dos copilotos de IA, o hospital realizou medições práticas para avaliar os resultados reais na atividade de diagnóstico:

- Capacidade de análise medida: 1.060 imagens por mês
- Ganho real de produtividade (ΔP real):

$$\Delta P_{real} = \frac{1.060 - 1.000}{1.000} \times 100\% = 6\%$$

- Tempo médio por imagem medido: 45,12 horas

Além disso, o hospital mediu a acurácia real dos diagnósticos após a implementação da IA:

- Acuracidade do médico ("piloto"): 70% ou 0,70
- Acuracidade do copiloto de IA (medida): 80% ou 0,80

Para entender o impacto dessa colaboração, foi calculada a acurácia combinada, que representa a probabilidade de pelo menos um dos dois – piloto (médico) ou copiloto (IA) – acertar o diagnóstico.

Como calcular a acurácia combinada:

Acurácia combinada = 1 – (1 – acurácia do médico) × (1 – acurácia da IA)

Substituindo os valores:

$$A_{comb} = 1 - (1 - 0,70) \times (1 - 0,80)$$
$$A_{comb} = 1 - (0,30 \times 0,20)$$
$$A_{comb} = 1 - 0.06 = 0.94 \text{ ou } 94\%$$

Diagnósticos corretos após seis meses: 1.060 imagens × 94% = 996 diagnósticos corretos por mês.

A colaboração entre piloto e copiloto de IA elevou a acurácia dos diagnósticos para 94%, reduzindo significativamente os erros e proporcionando resultados mais confiáveis.

Medição da produtividade após um ano

Após um ano de uso dos copilotos de IA, novas medições foram realizadas:
- Capacidade de análise medida: 1.150 imagens por mês
- Ganho real de produtividade (ΔP real):

$$\Delta P_{real} = \frac{1.150 - 1.000}{1.000} \times 100\% = 15\%$$

Tempo médio por imagem medido: 40,8 horas

Diagnósticos corretos após um ano: a acurácia real dos diagnósticos foi novamente medida e se manteve em 94%.

1.150 imagens × 94% = 1.081 diagnósticos corretos por mês.

Comparação entre projeção e resultados reais

Métrica	Inicial	Projetado (1 ano)	Real (6 meses)	Real (1 ano)
Capacidade de análise	1.000	1.090	1.060	1.150
Ganho de produtividade	—	9%	6%	15%
Tempo médio por imagem	48 horas	43,68 horas	45,12 horas	40,8 horas
Acurácia combinada	70%	94%	94%	94%
Diagnósticos corretos	700	1.024	996	1.081

Os resultados mostram que, após seis meses, o hospital alcançou um ganho real de produtividade de 6%, um pouco abaixo da projeção anual de 9%. Após um ano, o ganho real foi de 15%, superando a projeção inicial. A acurácia combinada de 94% foi mantida tanto após seis meses quanto após um ano, graças à colaboração eficaz entre médicos e copilotos de IA.

Esse caso[67] demonstra a importância de medir diretamente a produtividade, o tempo e a acurácia para avaliar com precisão o impacto da IA. A sinergia entre as habilidades humanas e a tecnologia mostrou-se fundamental para alcançar resultados importantes para o hospital e para a saúde dos pacientes.

As supermétricas: como a IA impacta o valor de uma empresa

Chegou o momento de falarmos sobre as supermétricas – aquelas que são o resultado de vários efeitos positivos acumulados ao longo do tempo com a aplicação de IA nos 3Ps e que se tornam mais visíveis na fase X, quando os resultados começam a se multiplicar de modo exponencial. Entre elas, destacam-se o FHC (faturamento por *headcount*), que mede a produtividade geral da empresa em relação ao seu quadro de colaboradores, e o MCH (*market cap per headcount*), que avalia o valor gerado por funcionário em termos de capitalização de mercado. Dada sua relevância estratégica, essas métricas devem ser implementadas (caso ainda não estejam) no *scorecard* de CEOs e monitoradas pelos conselhos administrativos. Vejamos ambas em detalhes.

Faturamento por *headcount* (FHC)

É uma métrica poderosa que reflete a produtividade de cada colaborador em relação ao faturamento total de uma organização. Anteriormente, discutimos várias maneiras de como a IA possibilita o aumento de receitas e a melhora da produtividade dos funcionários. Essa métrica captura o impacto convergente desses efeitos: a IA aumenta o faturamento ao impulsionar vendas, personalizar

---

[67] Todos os cálculos, deltas e projeções apresentados neste material são fornecidos como estimativas e não garantem resultados futuros. As empresas devem realizar uma análise personalizada e independente de sua situação específica antes de tomar qualquer decisão com base nas informações aqui fornecidas. Nenhuma responsabilidade será assumida por diferenças entre os resultados projetados e os resultados efetivamente alcançados. A aceitação e implementação da metodologia implicam o reconhecimento e aceitação dos riscos e incertezas associados.

ofertas e otimizar processos, ao mesmo tempo que eleva a eficiência da equipe, permitindo que os colaboradores lidem com mais trabalho sem a necessidade de expandir o *headcount*. Perceba, assim, que o FHC afeta diretamente tanto o numerador (faturamento total) quanto o denominador (número de funcionários), mostrando o ganho de produtividade com clareza e objetividade.

Como calcular o FHC:

$$FHC = \frac{\text{Faturamento total}}{\text{Número de funcionários}}$$

De exemplo, vamos voltar à fase X da jornada de IA no iFood e analisar como o impacto se refletiu no FHC ao longo de dois anos.

Ano	Nº de funcionários	Faturamento anual (US$)	FHC (US$ por funcionário)
2022	4.000	644 milhões[68]	$161.000
2024	4.000	1,22 bilhões	$305.000

Para 2022:

$$FHC_{2022} = \frac{644.000.000}{4.000} = 161.000 \text{ dólares por funcionário}$$

Para 2024:

$$FHC_{2024} = \frac{1.220.000.000}{4.000} = 305.000 \text{ dólares por funcionário}$$

- **Diferença absoluta:**

Diferença = $FHC_{2024} - FHC_{2022}$ = 305.000 – 161.000 = 144.000 dólares

---

[68] Número estimado.

- **Crescimento percentual:**

$$\text{Crescimento \%} = \frac{\text{Diferença}}{\text{FHC}_{2022}} \times 100\% = \frac{144.000}{161.000} \times 100\% \approx 89\%$$

Esse crescimento de 89% no FHC é reflexo de uma implementação robusta de IA que impactou bastante os 3Ps.

Market cap per headcount (MCH)

O MCH mede quanto cada colaborador contribui para o valor de mercado da empresa, revelando que o valor de um CNPJ está diretamente ligado ao valor gerado pelos CPFs que o compõem. Este é o KPI para quantificarmos o que já havíamos abordado extensivamente nos capítulos anteriores: como a combinação de IA com o capital humano de fato revolucionam setores inteiros.

Vamos analisar o exemplo de uma empresa tradicional que fatura 1 bilhão de reais, com um EBITDA de 150 milhões de reais e 3 mil funcionários. Utilizando uma fórmula padrão de *valuation*, podemos calcular o valor de mercado (*market cap*) dessa empresa. Supondo um múltiplo de 10x do EBITDA, o valor de mercado seria de 1,5 bilhão de reais. O MCH, então, seria de 500 mil reais por funcionário.

Agora, compare isso com a Tesla, empresa que, entre muitas inovações, integrou IA em suas operações e produto desde o início. Com um valor de mercado de US$798 bilhões e 140.473 funcionários, atinge um MCH de aproximadamente US$5,68 milhões por funcionário. Para entender o impacto dessa métrica, considere que o valor de mercado combinado de gigantes como Toyota, Volkswagen, Mercedes-Benz, BMW, Honda, Ford, GM, Hyundai e BYD soma US$724 bilhões, ainda abaixo do valor de mercado da Tesla.[69]

Além disso, compare o MCH da Tesla com o de outras montadoras como a Volkswagen, que tem um valor de mercado de US$53,37 bilhões e

---

[69] TOP Publicly Traded Automakers By Number Of Employees. **Companies Market Cap**, [s.d.]. Disponível em: https://companiesmarketcap.com/automakers/largest-automakers-by-number-of-employees/. Acesso em: 3 out. 2024.

emprega globalmente 656.134 funcionários. Isso gera um MCH de apenas US$81 mil por funcionário, uma diferença gritante quando comparada aos US$ 5,68 milhões por funcionário da Tesla. A disparidade evidencia como a integração profunda de IA não apenas transforma a operação e inovação de uma empresa, mas também cria uma vantagem competitiva massiva.

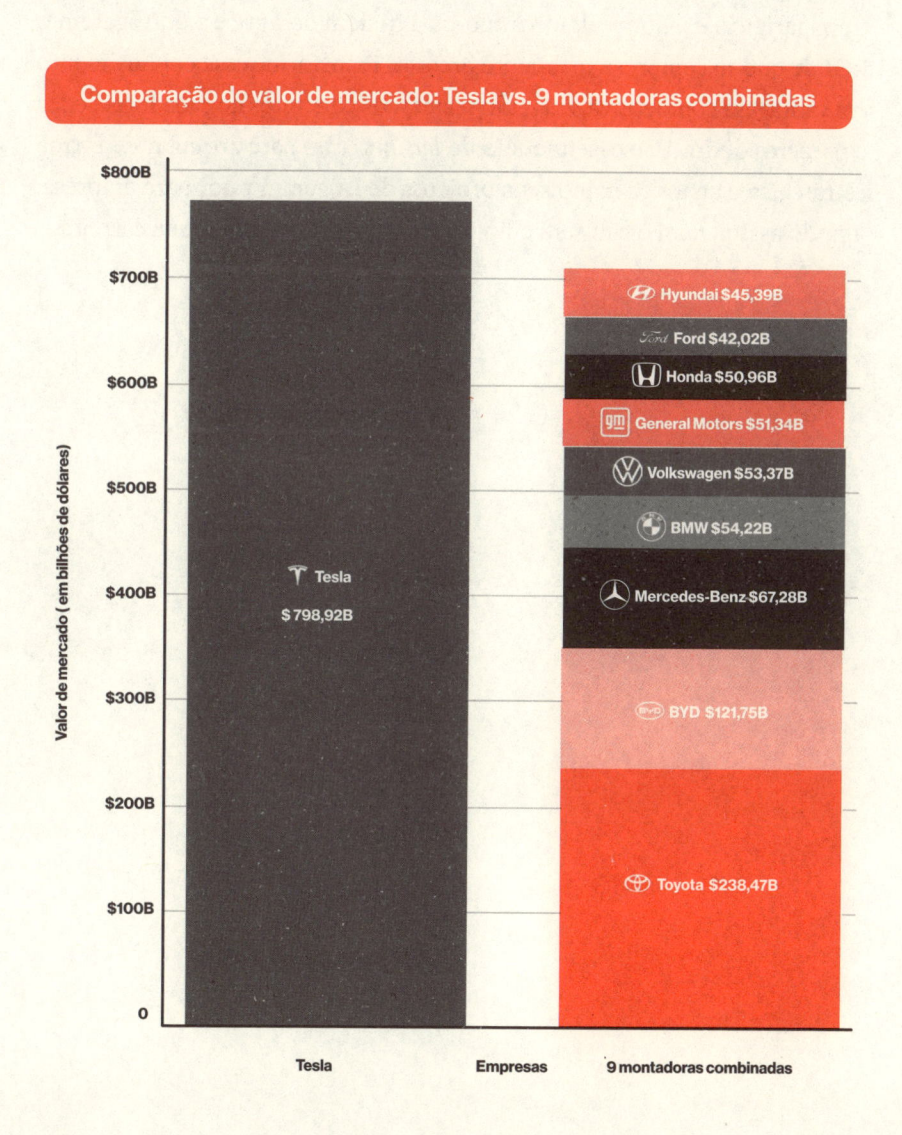

Comparação do valor de mercado: Tesla vs. 9 montadoras combinadas

- Tesla $798,92B
- Hyundai $45,39B
- Ford $42,02B
- Honda $50,96B
- General Motors $51,34B
- Volkswagen $53,37B
- BMW $54,22B
- Mercedes-Benz $67,28B
- BYD $121,75B
- Toyota $238,47B

E agora, com todo esse conhecimento à sua disposição, qual o próximo passo?

Com o que aprendeu, você pode garantir que cada investimento em IA não seja apenas mais uma tendência, mas uma escolha estratégica utilizando dados e insights de modo preciso. Exija clareza em um cenário saturado de promessas tecnológicas. Use os conceitos aprendidos para exigir de seus parceiros transparência e valor real, forçando-os a ir além do *hype* e a entregarem o ROI de que sua empresa realmente precisa. Transforme esse conhecimento em vantagem competitiva, exigindo resultados concretos de cada fornecedor e parceiro de IA. Use esse modelo de *business case* para articular de forma estratégica e analítica como seus projetos de IA geram valor para empresa. Agindo assim, nem o céu será o limite para o crescimento de sua carreira.

NEM O CÉU SERÁ O LIMITE PARA O CRESCIMENTO DE SUA CARREIRA.

IA PARA LÍDERES: DO CONCEITO À REALIDADE

12

A liderança executiva na era da transformação

Há líderes cuja marca vai muito além do tempo que passamos juntos em um escritório. Jonathan Nikols é um desses exemplos. Hoje, como vice-presidente sênior na Verizon – a maior empresa de telecomunicações dos Estados Unidos –, ele exemplifica os pilares essenciais para transformar uma empresa em AI First.

Em 2019, quando começávamos a explorar as possibilidades transformadoras da inteligência artificial em nossa divisão de negócios, percebi que essa tecnologia seria um divisor de águas para a próxima década. Durante um dos nossos encontros 1:1, focados em resultados, desafios e planos de carreira, apresentei a Jonathan uma proposta que vinha amadurecendo há semanas: investir em cursos executivos na Universidade de Stanford, entre os quais se destacava "Como aplicar IA para transformar negócios".

Jonathan, com sua habilidade de antecipar oportunidades e sua postura proativa, respondeu de forma decisiva: "Se é nisso que você acredita, vá em frente". Ele não apenas aprovou a ideia, mas também escreveu uma carta de recomendação e financiou o curso, demonstrando confiança no potencial transformador da IA e no valor do autodesenvolvimento.

Mais do que o incentivo acadêmico, o exemplo de Jonathan reflete uma liderança prática e enérgica, compromisso com o engajamento e desenvolvimento da equipe, e inteligência emocional. Ele sempre ressaltou que, para inovar e liderar, é essencial cuidar do corpo e da mente. Segundo ele, a disciplina pessoal e o equilíbrio são indispensáveis para sustentar alta performance em um ambiente de constantes transformações.

A partir daquele momento, minha trajetória passou a ser marcada por uma disciplina rigorosa de mensuração de resultados e de busca por inovação, inspirada pelo exemplo de Jonathan. Essa mentalidade me levou a desenvolver métodos próprios – apresentados no capítulo 11 – que convertem o desafio de adotar a IA em ações estratégicas e mensuráveis. Ao articular ganhos em produtividade, aumento de receita e redução de custos, compreendi que a transformação digital exige, além de tecnologia, uma liderança que aposta de maneira intuitiva e calculada, sempre com rapidez e agilidade.

Jonathan também me ensinou a importância de ativar redes de colaboração, cuidar da equipe e promover um ambiente de trabalho inspirador, onde o humor e a criatividade caminham juntos, fortalecendo o grupo e impulsionando a inovação.

Vejamos, a seguir, em detalhes, os princípios de liderança que sustentam essa transformação.

Perfil de liderança para tornar a empresa AI First
Energia e disposição (*fit* para o trabalho)

Ser AI First exige muito mais do que apenas o *fit* para a missão técnica. Como é uma trajetória longa e exaustiva, é necessária uma base sólida de bem-estar físico e emocional para sustentar a rotina de alta performance.

Líderes visionários sempre entenderam o valor de cuidar do corpo e da mente. Leonardo da Vinci era conhecido por sua força física e conexão com a natureza. Ele estudava anatomia profundamente e defendia exercícios ao ar livre, acreditando que um corpo saudável era essencial para uma mente criativa. Michelangelo, que viveu até os 88 anos – algo inédito na época –, mantinha uma rotina rigorosa de exercícios e trabalhava ativamente em suas esculturas, exemplificando disciplina e resistência física. Sócrates defendia que o exercício físico era fundamental para o pensamento e praticava luta e dança para manter o vigor. Nikola Tesla, famoso por suas invenções e longevidade, também era um entusiasta do exercício físico e adepto de uma rotina disciplinada, acreditando que a vitalidade física era indispensável para o desempenho mental.

O cérebro humano, embora represente apenas cerca de 2% do peso corporal, é altamente exigente em termos de energia. E ele direciona essa energia para funções vitais e para a atividade sináptica – fundamentais para o processamento de informações, pensamento, memória e controle de outras funções corporais. Quando engajado em tarefas cognitivamente intensas, como decisões estratégicas ou trabalho intelectual profundo, o consumo energético do cérebro pode chegar a 20% da energia total do corpo.[70]

Ainda que a inteligência artificial e seus copilotos possam liberar o potencial quase ilimitado do nosso poder cognitivo, precisamos garantir que o corpo esteja apto a sustentar o esforço que a expansão cognitiva exige.

Assim, não é hora de negligenciar sua saúde. Se você pretende liderar em um mundo redefinido pela IA, precisa manter sua melhor forma física e mental. Para tanto, é fundamental fortalecer os seguintes pilares da longevidade:

- **Exercício físico:** manter uma rotina de atividades físicas gera energia e fortalece a resiliência física e mental, essenciais para enfrentar desafios transformadores.
- **Nutrição:** alimentação equilibrada é o combustível do corpo e da mente, impactando diretamente a clareza, a disposição e a capacidade de tomar decisões com agilidade.
- **Sono:** sono de qualidade é indispensável para uma recuperação completa. Durante o descanso, corpo e mente se restauram, garantindo um desempenho de alto nível ao longo do tempo.
- **Gestão do estresse:** práticas como meditação, respiração e pausas ajudam a manter a calma e a clareza em situações complexas, evitando o desgaste emocional.

Como líder, você tem a responsabilidade de cuidar de si mesmo e inspirar sua equipe a seguir uma abordagem de alta performance sustentável. Ao mostrar que é possível ter sucesso sem sacrificar a saúde, você serve de exemplo, incentivando todos a buscar esse equilíbrio na própria jornada.

Visão preditiva

Para ser um visionário, é preciso ser curioso, querer explorar novos caminhos, conectando-se a centros de inovação e antecipando mudanças. Essa inquietação é

---

[70] LÓPEZ, A. G. O cérebro queima em um dia as mesmas calorias que correr meia hora. Então, pensar muito emagrece? *El País*, 27 nov. 2018. Disponível em: https://brasil.elpais.com/brasil/2018/11/23/ciencia/1542992049_375998.html. Acesso em: 20 fev. 2025.

elemento central do código de cultura para inovação, apresentado no capítulo 6, que serve como base para enfrentar incertezas e avançar em territórios inexplorados.

Essa visão não é um dom inato, mas o resultado de uma ação contínua de aprendizado e questionamento. Assim, para desenvolvê-la, deve-se vivenciar de perto os desafios e as oportunidades, conectando-se com clientes e acompanhando a realidade do mercado. Essa atitude proporciona uma compreensão prática e diferenciada, alinhada ao que o futuro pode demandar. Quantos líderes lá em 2019 estavam investindo em cursos de IA para seus funcionários? A visão preditiva de Jonathan fez isto acontecer mais cedo para mim do que para muitos. Qual será a proxima onda?

Otimismo constante

Como já discutimos anteriormente, o "otimismo constante" é um elemento chave na cultura de inovação. Embora a cultura de uma empresa possa levar tempo para evoluir, é crucial que a liderança adote esse mindset imediatamente, como parte do exercício de transformação cultural.

Nunca tire os olhos do mercado e da concorrência, em especial quando tudo parece estar indo bem. Se sua empresa é líder, lembre-se: o sucesso atual não garante segurança futura. A líder é sempre o alvo. Assuma que seu negócio pode ser disruptado um dia. Antecipe-se, simulando como se defender, e fortaleça sua posição atacando primeiro. Crie tendências em vez de apenas segui-las. Mantenha reservas de capital para agir com força quando necessário, investindo com estratégia e, se preciso, fechando portas para concorrentes.

Hoje, a IA está no centro das transformações, mas novas inovações inevitavelmente surgirão com ela. Quem será capaz de identificar o próximo movimento e sair na frente? A resposta está na adoção imediata desse estado de vigilância e proatividade pela liderança, posicionando-se como pioneira e impulsionando a evolução cultural da empresa.

Aposte de maneira intuitiva e calculada

Equilibre sua intuição com análises de dados aprofundadas. Envolva sua equipe, considere opiniões estratégicas e esteja atento para identificar e investir em novas oportunidades. Não se contente em vencer só desafios pontuais; foque revolucionar a maneira como o "jogo" é jogado. Assim como Michael Jordan redefiniu o basquete e Messi continua a inovar no futebol, adote uma visão transformadora que combine dados, engajamento e a força da intuição para remodelar o mercado.

Seja ousado ao ser o primeiro a testar e inovar, assumindo riscos calculados e transformando erros em valiosos aprendizados. Esse equilíbrio não é apenas uma simples aposta, mas um compromisso contínuo em criar novos caminhos que manterão sua empresa competitiva a longo prazo.

Velocidade de execução e agilidade

A capacidade de agir rapidamente e tomar decisões acertadas é essencial para capturar oportunidades e garantir uma posição competitiva na corrida para ser AI First. Embora a jornada seja longa e a metodologia PATX exija um compromisso contínuo, executar cada etapa com rigor e velocidade torna-se um diferencial estratégico. Isso significa enfrentar cada fase com foco, determinação e eficiência, sem pular etapas nem comprometer a qualidade. Adotar essa mentalidade de avançar com rapidez e excelência permite que sua empresa se destaque, ganhando vantagem competitiva.

Irreverência e diversão

Enfrentar uma jornada intensa como a adoção de IA pode ser exaustivo, mas incorporar irreverência e humor ao cotidiano fortalece o espírito da equipe e torna o processo mais gratificante. Como Jonathan costuma dizer: "Eu tenho o melhor trabalho do mundo!". Para ele, o trabalho é uma experiência realizadora e um espaço também divertido, no qual se pode criar amigos e conexões autênticas. Essa energia contagiante, promovida por uma liderança entusiástica e bem-humorada, cria uma atmosfera em que os desafios são enfrentados com disposição e otimismo. A adoção da inovação passa a ser uma experiência positiva e inspiradora para todos.

Papel crucial da liderança na missão de tornar a empresa AI First

Financiar os projetos de IA

Implementar IA exige uma alocação estratégica de recursos que vai além dos métodos tradicionais. Como líder, deve-se priorizar as iniciativas com maior impacto e distribuir fundos com inteligência. Um erro comum é "espalhar a manteiga demais no pão", ou seja, alocar recursos de maneira rasa em várias frentes, diluindo seu efeito. Em vez disso, concentre-se nos 3Ps, eles têm o potencial de gerar resultados mais rápidos e ganhos significativos.

Comece pelo *self-funding*. A eficiência gerada pela IA, ao automatizar processos redundantes e otimizar operações, resulta em economias que podem ser redirecionadas para novas iniciativas. Assim, a transformação digital se torna um processo contínuo, progressivo e financeiramente sustentável. No entanto, para alcançar uma escala mais abrangente, pode ser necessária uma abordagem mais agressiva com o *company funding*. Isso envolve uma reestruturação das prioridades da empresa, redirecionando ou até descontinuando iniciativas que não estão alinhadas com os objetivos estratégicos, garantindo que o retorno sobre o investimento seja maximizado.

Adote também modelos de *crowdfunding* interno para incentivar a inovação em todos os níveis da organização. O Kickbox, da Adobe, é um exemplo inspirador.[71] O programa oferece aos funcionários uma caixa vermelha (a "Kickbox") que contém um guia detalhado, uma lista de verificação e um cartão de crédito pré-pago com mil dólares, que os funcionários podem usar para desenvolver suas ideias sem necessidade de aprovação prévia. O objetivo é dar aos colaboradores autonomia para explorar e testar novas propostas, eliminando barreiras burocráticas e fomentando a criatividade. Se a ideia mostra potencial, eles têm a oportunidade de apresentá-la a executivos para um possível financiamento adicional.

Um exemplo de sucesso desse modelo é o Adobe Spark – agora conhecido como Adobe Express. Essa suíte de aplicativos de design gráfico simplificado permite que usuários sem habilidades avançadas criem conteúdo visual de alta qualidade, incluindo posts para redes sociais, páginas da web e vídeos curtos.

Pequenos investimentos iniciais, como o do Kickbox, podem se transformar em inovações significativas que contribuem para a transformação da empresa.

---

[71] KICKBOX. Disponível em: https://kickbox.org/. Acesso em: 27 jan. 2025.

Iterar e aprender em movimento

Em vez de esperar pela solução perfeita, inicie com pequenos projetos-piloto e os ajuste de acordo com a necessidade. O medo de não estar completamente preparado pode paralisar o progresso. Ações iniciais rápidas, como *quick wins*, ajudam a construir confiança e fornecem dados essenciais para otimizar a estratégia.

Supervisionar a transformação (o "olhar do dono")

Acompanhar de perto cada etapa da transformação garante o alinhamento com a visão estratégica. Como líder, mantenha uma supervisão cuidadosa e prática, tomando decisões rápidas, assegurando que a transformação avance com consistência e eficiência.

Para tanto, a governança deve ser robusta. Assim, estabeleça monitoramentos focados em objetivos e que garantam que todos os setores trabalhem em harmonia. Isso inclui a criação de comitês ou forças-tarefa para acompanhar o progresso das iniciativas de IA, avaliar riscos emergentes e assegurar que a ética esteja no centro das decisões.

Além disso, o *sponsor* (patrocinador executivo) desempenha papel crucial na transformação com IA. Como membro do C-suite ou em colaboração direta com ele, é necessário liderar essas iniciativas pelo exemplo. Seu papel é garantir que a alocação de recursos seja direcionada adequadamente e que todas as ações estejam alinhadas com os objetivos estratégicos da empresa. Essa atitude garante às iniciativas a visibilidade e o apoio necessários para superar os desafios inevitáveis que surgirão.

Ativar redes de colaboração

Lidere redes de colaboração que englobem não apenas sua equipe interna, mas também mentores, parceiros de negócios e especialistas do setor. Ao fomentar um ambiente colaborativo, você amplia a base de conhecimento e facilita a troca de insights valiosos, como soluções mais eficazes e inovadoras. A colaboração também reforça a responsabilidade individual e coletiva, pois cada membro se sente parte de um esforço maior.

Participar de comunidades profissionais, fóruns da indústria e grupos de discussão permite que sua organização se mantenha atualizada sobre as melhores práticas e tendências emergentes, o que também facilita a implementação de iniciativas de IA com mais eficiência e eficácia.

Cuidar da equipe e promover engajamento

Promova um ambiente de bem-estar, valorizando a saúde mental e física de todos. Sua energia como líder é vital, mas é igualmente importante garantir que o time opere em alta performance.

Para muitos colaboradores, a IA gera temores sobre substituição ou mudanças em suas funções. Não subestime esses sentimentos. Trabalhe para promover a sinergia entre a tecnologia e as pessoas. A IA deve ser vista como uma ferramenta para elevar o potencial e o impacto humano, não como um substituto. Assim, invista em treinamento e desenvolvimento para que sua equipe possa se adaptar e crescer com a tecnologia.

Garanta clareza de propósito, explicando o que está sendo feito e o porquê das iniciativas. Ao mostrar como cada pessoa pode contribuir para o sucesso geral, você cria um senso de pertencimento e responsabilidade. Transparência sobre os desafios e as aspirações da empresa constroem confiança e demonstram que todos estão juntos nessa jornada.

Reinvenção constante

No mundo da IA, liderar exige reinvenção constante. A filosofia do "Dia 1" da Amazon captura esse espírito: agir como se cada dia fosse o primeiro, com energia, curiosidade e coragem para inovar.[72] Não espere que outros mudem; seja você o exemplo dessa transformação.

Carreiras estão acelerando como nunca. Surgirão "unicórnios de um só funcionário" – indivíduos que, com tecnologia e visão, causarão impactos inimagináveis. Quem não se reinventar ficará para trás.

Liderança é ação. É ter a energia para transformar e a coragem para explorar o novo. É focar o essencial, sem desperdiçar tempo com o que não

---

[72] ELEMENTOS da cultura de Dia 1 da Amazon. **AWS**, [s.d.]. Disponível em: https://aws.amazon.com/pt/executive-insights/content/how-amazon-defines-and-operationalizes-a-day-1-culture/. Acesso em: 27 jan. 2025.

importa ou com quem não está alinhado. Obstáculos virão – oposição interna, dúvidas de quem está ao seu lado. Um dia antes de uma inovação dar certo, muitos o criticarão; um dia depois, dirão: "Sempre acreditei nele".

Jonathan personifica esse espírito. Liderou pelo exemplo, apostou no novo e não pediu permissão para inovar no modo como fazíamos negócio. Fez acontecer. E acabou inspirando outros a seguirem seu caminho.

Este é momento de liderar. Você tem as ferramentas, o conhecimento e a visão para tornar sua empresa orientada por IA. Não espere por condições ideais ou aprovação unânime. Inovações raramente são aplaudidas no início. É a convicção que distingue pioneiros de seguidores. Apenas avance.

O futuro se constrói agora, e cada decisão molda esse futuro. Enfrente o desconhecido e torne-se o líder que o presente exige. A mudança começa com você, agora.

**LIDERANÇA É AÇÃO.
É TER A ENERGIA
PARA TRANSFORMAR
E A CORAGEM PARA
EXPLORAR O NOVO.**

IA PARA LÍDERES: DO CONCEITO À REALIDADE

13

Escreva a sua história

Quando Iomar Barrett[73] recebeu o diagnóstico de esclerose lateral amiotrófica (ELA), sua primeira preocupação não foi com a perda dos movimentos nem com a degeneração muscular. Pensou imediatamente em seus filhos. Como poderia explicar a eles o que estava acontecendo? E, mais importante, como manteria sua voz presente quando as palavras começassem a falhar?

A ELA é uma doença neurodegenerativa que afeta os neurônios motores responsáveis pelo controle dos músculos voluntários, resultando em fraqueza progressiva e eventual paralisia. Para muitos pacientes, a condição também impacta a capacidade de se comunicar verbalmente, à medida que os músculos responsáveis pela fala deixam de responder.

Determinado a não perder sua forma de expressão, Iomar gravou um vídeo de dezoito minutos em seu celular e procurou a ElevenLabs, uma empresa que utiliza IA para recriar vozes humanas com alta fidelidade, capturando as nuances únicas de cada timbre. Com a ajuda deles, Iomar conseguiu criar uma réplica quase perfeita da própria voz. Agora, mesmo com o avanço da doença, ele poderá se comunicar usando o tom, a entonação e as pausas características de sua maneira de falar.

Em entrevista ao jornal inglês *The Times*, Iomar refletiu: "Subestimamos o quanto pequenos detalhes como a voz nos definem como humanos. A voz é como uma assinatura emocional. É a nossa presença em palavras".

Essa observação me fez pensar sobre o que nos torna humanos únicos. Não são apenas nossos pensamentos ou ações, mas também as sutilezas – o timbre, a maneira como sorrimos, as pausas entre as frases. Esses detalhes criam conexões profundas entre as pessoas.

---

[73] KORONKA, P. How AI Is Giving Motor Neurone Disease Sufferers Their Old Voices Back. **The Times**, 23 ago. 2024. Disponível em: www.thetimes.com/uk/healthcare/article/elevenlabs-voice-clone-ai-als-t3ntnpcl7. Acesso em: 27 jan. 2025.

Passei por uma experiência semelhante. Quando meu cunhado foi diagnosticado com ELA, a voz dele foi uma das primeiras coisas a mudar. As conversas, antes tão naturais e sempre carregadas de humor, tornaram-se raras até desaparecerem por completo. Para minha família, em especial para meu sobrinho, foi extremamente doloroso. Penso em como teria sido diferente se a inovação que ajudou Iomar estivesse disponível naquela época. Talvez meu sobrinho pudesse ter ouvido seu pai dizer "eu te amo" muitas vezes ainda, talvez até o último suspiro.

A história de Iomar não fala apenas de avanços tecnológicos, mas de preservação das conexões humanas. O trabalho da ElevenLabs, em parceria com a Scott-Morgan Foundation e a Bridging Voice, vai além de desenvolvimento tecnológico. Eles oferecem, de modo gratuito, sua tecnologia de clonagem de voz para pacientes com ELA, permitindo que mantenham algo essencial: a capacidade de se expressar como realmente são.

Essa narrativa nos leva a uma reflexão mais ampla. Estamos em um momento singular da história. Avanços como a IA não apenas transformam empresas e mercados, mas têm o poder de preservar aquilo que nos define como seres humanos. A verdadeira questão que devemos ponderar não é apenas o que a inteligência artificial pode fazer, mas como escolhemos utilizá-la.

Fechando as cortinas

Em seu artigo que deu vida à inteligência artificial, John McCarthy e outros cientistas escreveram:

> O estudo deve proceder com base na hipótese de que todo aspecto da aprendizagem ou qualquer outra característica da inteligência pode, em princípio, ser tão precisamente descrito que uma máquina pode ser feita para simulá-lo. Uma tentativa será feita para descobrir como fazer as máquinas usarem a linguagem, formarem abstrações e conceitos, resolverem tipos de problemas que agora só os humanos podem resolver e melhorarem a si mesmas.[74]

---

[74] MCCARTHY, J.; MINSKY, M. L.; ROCHESTER, N.; SHANNON, C. E. A Proposal for the Dartmouth Summer Research Project on Artificial Intelligence. **Stanford Edu**, 31 ago. 1955. Disponível em: www-formal.stanford.edu/jmc/history/dartmouth/dartmouth.html. Acesso em: 27 jan. 2025. [Tradução livre.]

A liderança de McCarthy na criação da IA área foi impulsionada por uma visão de um bem maior – um futuro em que máquinas e humanos se complementassem, tornando-se melhores juntos e ajudando a resolver os desafios mais complexos da humanidade.

Da mesma maneira, durante o Renascimento, Leonardo da Vinci e outras grandes mentes se rebelaram contra as limitações de seu tempo para mostrar o poder do potencial humano. Da Vinci, com invenções como o robô, o helicóptero, o rolamento e o Homem Vitruviano, provou que não era apenas um pensador, mas um "fazedor" – alguém que não temia provocar a mudança.

Apesar de separados por séculos, tanto McCarthy quanto Da Vinci compartilhavam uma característica: eram líderes que ousaram imaginar um futuro diferente e executaram as ações necessárias para torná-lo realidade.

Agora, e nós? As decisões que tomamos hoje determinarão se a tecnologia será uma força para o bem ou apenas mais uma ferramenta que amplia a distância entre nosso presente e nosso potencial. Você direcionará os ganhos de produtividade proporcionados pela IA para focar o que de fato importa? Ao implementar a inteligencia artificial em seus negócios, você tem a oportunidade de revolucionar processos e impulsionar sua carreira, além de impactar positivamente a vida das pessoas. A tecnologia pode ser a alavanca que catapulta sua empresa para o próximo nível, mas ela é um meio, não um fim. Como tal, ela deve existir para potencializar o humano, não somente substituí-lo. Devemos usá-la para fortalecer os pilares vitais da humanidade.

Use a IA como um recurso para escrever uma grande história: a sua. Seja no escritório ou em casa, construindo negócios inovadores ou simplesmente estando presente para aqueles que mais importam.

Este livro é sobre inteligência artificial. Mas também é um convite à reflexão e à ação. Ao longo das páginas, refletimos e estudamos bastante. Agora chegou o seu momento de agir. Vá fundo!

HP* + IA = NEGÓCIOS EXPONENCIAIS

*HP = *human power*

IA PARA LÍDERES: DO CONCEITO À REALIDADE

Este livro foi impresso pela gráfica Bartira
em papel pólen bold 70 g/m² em maio de 2025.